『小学校ラクイチ授業プラン（高学年）』誤りのお詫びと訂正

この度、上記の書籍において誤りが見つかりました。お詫びして訂正いたします。

※学事出版サイトからダウンロードできるデータは、正しいものに差し替え済です。このワークシートを利用される場合は、Wordデータをダウンロードしてお使いください。

●誤りがあった箇所

本文63ページ 「同じ量にするには？」のワークシート内

＜誤＞
ワークシート中ほどの【重さ】の一番左の単位が「1mm」になっている。

＜正＞
「1mg」

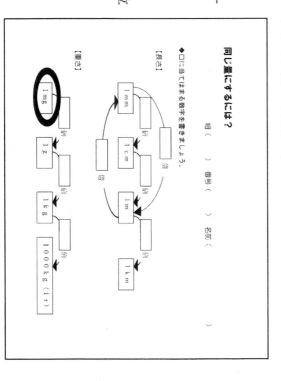

ラクに楽しく1時間

小学校
ラクイチ
授業プラン

高学年

ラクイチ授業研究会 編

G 学事出版

まえがき

　この本は、「ラクに楽しく1時間」をコンセプトにした、これまでにないタイプの授業プラン集です。ラクイチ中学シリーズに続いての刊行になります。

　教師生活をしていくと、明日の授業準備が追いつかない、次の1時間を何とか乗り切らなければならない、といったピンチに陥ることがあります。原因は様々ですが、急に授業の代行をお願いされた、保護者対応や生徒指導に時間をとられてしまった、行事に追われて忙しい、などの理由があります。ただでさえ、ほとんどの教科を担任が教えている小学校教諭は、このピンチに陥ることが多いのではないでしょうか。

　本書で紹介している「ラクイチ授業プラン」は、まさにこのような場合にうってつけのものばかりです。準備の手間は少なく、様々な切り口から1時間を実りあるものにできる授業プランを集めてあります。全国の先生方にお声がけし、授業案とワークシートを持ち寄り、議論、校正を重ねたものです。ラクイチ授業プランの条件は以下の3つです。

> 1　1時間で完結する
> 2　準備に時間がかからない
> 3　誰でも実践できる

　この授業プランは、単に急場をしのぐだけではなく、もっと積極的な使い方もできると考えられます。例えば、教科書での学習を終えた後に発展課題や理解の確認として活用する、まとめに取り入れる等、様々な場面で使うことができます。

　本書の役割は主に2つに分けることができます。

　1つは、「非常食」としての役割です。普段は職員室に置いておき、いざ時間がない、となればこの本を開いて、使えそうな授業プランを探してみてください。何かヒントになるはずです。また、いくら急場をしのぐプランとはいえ、先生も児童も笑顔で1時間を過ごし、授業のねらいが達成できるならば、それに越したことはありません。そのような気持ちで著者一同執筆しています。いわば「おいしい非常食」を目指したつもりです。

　もう1つは「レシピ集」としての役割です。本書に載せている授業プランは、あくまで一例。掲載された事例を参考にしながら、さらにアレンジを加えることができます。学事出版のホームページからワークシートのデータをダウンロードして、先生方のクラスの実態に合わせて編集をして使っていただけます。そして、全く新しい料理（授業）を創作することも可能です。

　毎日の1時間を実りある物にしていくことはもちろん大切ですが、それと同じくらい教師が授業を楽しむことも大切だと考えています。本書に載っている授業プランには児童の豊かな発想を表現するものが多くあります。そんな発想を楽しむゆとりをもっていただけたらと思っています。

　校種を越えたラクイチの輪がさらに広がっていくことを願い、まえがきとさせていただきます。

ラクイチ授業研究会　小学校代表　田中　直毅

本書の使い方

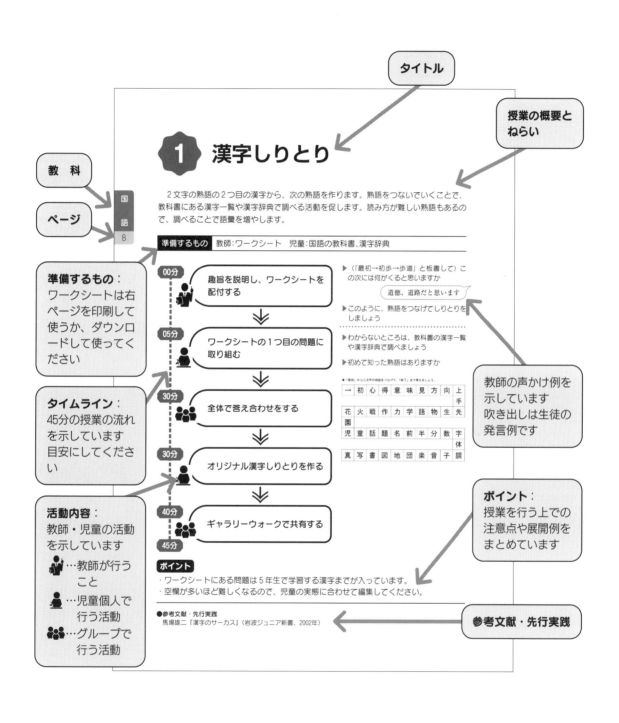

タイトル

授業の概要と
ねらい

教科

ページ

1 漢字しりとり

　2文字の熟語の2つ目の漢字から、次の熟語を作ります。熟語をつないでいくことで、教科書にある漢字一覧や漢字辞典で調べる活動を促します。読み方が難しい熟語もあるので、調べることで語彙を増やします。

国語 8

準備するもの　教師:ワークシート　児童:国語の教科書、漢字辞典

準備するもの:
ワークシートは右ページを印刷して使うか、ダウンロードして使ってください

タイムライン:
45分の授業の流れを示しています
目安にしてください

活動内容:
教師・児童の活動を示しています

👨‍🏫…教師が行うこと

🧑…児童個人で行う活動

👥…グループで行う活動

00分	趣旨を説明し、ワークシートを配付する
05分	ワークシートの1つ目の問題に取り組む
30分	全体で答え合わせをする
30分	オリジナル漢字しりとりを作る
40分	ギャラリーウォークで共有する
45分	

▶（「最初→初歩→歩道」と板書して）この次には何がくると思いますか

　道徳、道路だと思います

▶このように、熟語をつなげてしりとりをしましょう

▶わからないところは、教科書の漢字一覧や漢字辞典で調べましょう

▶初めて知った熟語はありますか

◆「最初」から二文字の熟語をつなげて、「終了」まで考えましょう。

→	初	心	得	意	味	見	方	向	上
花	火	戦	作	力	学	語	物	生	手
園									先
児	童	話	題	名	前	半	分	数	字
真	写	書	図	地	団	楽	音	子	体
									調

教師の声かけ例を示しています
吹き出しは生徒の発言例です

ポイント:
授業を行う上での注意点や展開例をまとめています

ポイント

・ワークシートにある問題は5年生で学習する漢字までが入っています。
・空欄が多いほど難しくなるので、児童の実態に合わせて編集してください。

●参考文献・先行実践
　馬場雄二「漢字のサーカス」（岩波ジュニア新書、2002年）

参考文献・先行実践

小学校ラクイチ授業プラン 《高学年》

―もくじ―

1章 国語

7

2章 社会

33

本書でよく使われる活動

●ギャラリーウォーク〔準備物：小さいマグネット（人数分）〕

手 順　・完成した作品を、マグネットを用いて黒板に貼っていく。
　　　　　・児童は自由に見てまわる。

アレンジ　・マスキングテープなどを利用し、教室の壁や廊下に貼っていく。広めのギャ
　　　　　　ラリーウォークになる。
　　　　　・机の上に置いておき、見てまわるだけでもよい。

フォレスタネットとのコラボレーション
―本書が生まれた経緯―

　本書は「授業準備のための情報サイト　フォレスタネット」の全面協力の下、生まれました。「フォレスタネット」は全国の先生方が指導案や授業展開、生徒指導の工夫などのアイデアを共有することで、普段の授業準備の効率化を図る、日本最大級の教育実践共有サイトです。この「フォレスタネット」と、学事出版の「ラクイチシリーズ」のコンセプトが合致したことから、今回の企画がスタートしました。

　本書を作るにあたり、フォレスタネットで活躍されていて、「ラクイチ」のコンセプトに賛同してくださった先生方に、授業案やワークシートの執筆をお願いしました。そのなかでたくさんの授業案を考えてくださった田中直毅先生には、小学校編の執筆代表を引き受けていただきました。また、「フォレスタネット selection シリーズ（フォレスタネットに投稿された実践をまとめた書籍、スプリックス社）」に掲載された実践のなかから、投稿者の先生にご協力いただき、本書用にアレンジした授業案も載せています。執筆者の先生や授業案をご提供くださった先生は、フォレスタネットに日々の実践を投稿し高い支持を得ている方々ばかりです。

　本書の製作に協力してくださった先生方、島貫良多さんをはじめとするフォレスタネットの関係者のみなさまにお礼を申し上げます。

ラクイチ授業プラン 監修 **関 康平**

フォレスタネット▶

「ラクイチ授業プラン」特設ページについての紹介は 64 ページをご覧ください。

1章

国語

① 漢字しりとり

　２文字の熟語の２つ目の漢字から、次の熟語を作ります。熟語をつないでいくことで、教科書にある漢字一覧や漢字辞典で調べる活動を促します。読み方が難しい熟語もあるので、調べることで語彙を増やします。

準備するもの	教師：ワークシート　児童：国語の教科書、漢字辞典

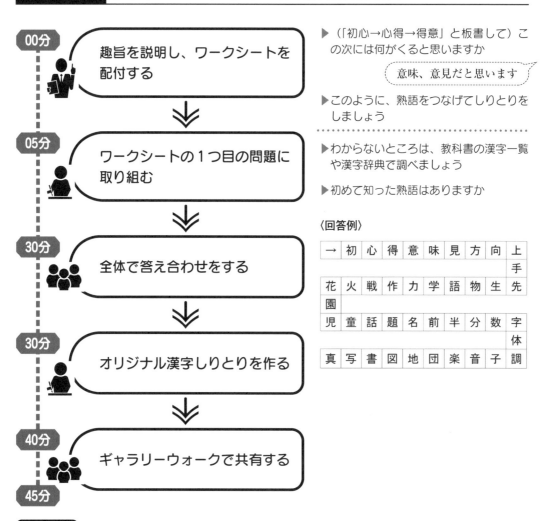

00分　趣旨を説明し、ワークシートを配付する

▶ （「初心→心得→得意」と板書して）この次には何がくると思いますか

> 意味、意見だと思います

▶ このように、熟語をつなげてしりとりをしましょう

05分　ワークシートの１つ目の問題に取り組む

▶ わからないところは、教科書の漢字一覧や漢字辞典で調べましょう

▶ 初めて知った熟語はありますか

30分　全体で答え合わせをする

〈回答例〉

→	初	心	得	意	味	見	方	向	上
									手
花	火	戦	作	力	学	語	物	生	先
園									
児	童	話	題	名	前	半	分	数	字
									体
真	写	書	図	地	団	楽	音	子	調

30分　オリジナル漢字しりとりを作る

40分　ギャラリーウォークで共有する

45分

ポイント

・ワークシートにある問題は５年生で学習する漢字までが入っています。
・空欄が多いほど難しくなるので、児童の実態に合わせて編集してください。

●参考文献・先行実践
馬場雄二『漢字のサーカス』（岩波ジュニア新書、2002年）

漢字しりとり

組（　　　）　番号（　　　）　名前（　　　　　　　　）

◆「初心」から二文字の熟語をつなげて、「写真」まで考えましょう。

→	初	心	得		味	見	方		上
	火		作	力	学		物	生	先
園	童		題	名		半	分		字
									体
真	写		図		団		音	子	

◆漢字しりとりを作りましょう

→	登	校							

② 人間関係図を作ろう

短い物語から人間関係図を作る場面です。人物同士の関係を矢印でつなぎますが、その理由を交流したり、関係図を見ながら物語のその後を予想し合ったりすることができます。

準備するもの 教師：ワークシート、短い物語（教科書の後ろに載っているものや、図書室にある短編集など）

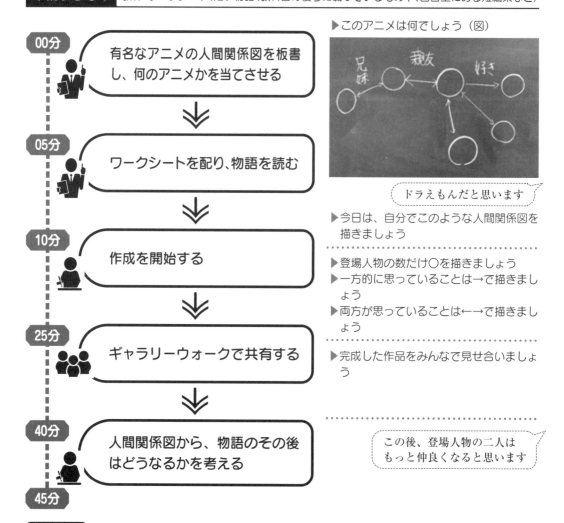

00分
有名なアニメの人間関係図を板書し、何のアニメかを当てさせる

▶このアニメは何でしょう（図）

ドラえもんだと思います

05分
ワークシートを配り、物語を読む

▶今日は、自分でこのような人間関係図を描きましょう

10分
作成を開始する

▶登場人物の数だけ○を描きましょう
▶一方的に思っていることは→で描きましょう
▶両方が思っていることは←→で描きましょう

25分
ギャラリーウォークで共有する

▶完成した作品をみんなで見せ合いましょう

40分
人間関係図から、物語のその後はどうなるかを考える

この後、登場人物の二人はもっと仲良くなると思います

45分

ポイント

・「のどがかわいた（ウーリー＝オルレブ）」の児童作品例を載せています。
・他にも「なまえつけてよ（蜂飼耳）」や「あめ玉（新美南吉）」が人間関係図を描きやすい物語です。

●参考文献・先行実践
ウーリー＝オルレブ「のどがかわいた」『国語五年　銀河』（光村図書出版、2019年）

人間関係図を作ろう

組（　　）　番号（　　）　名前（　　　　　　　　　　　）

◆登場人物の数だけ〇をかきましょう。

◆一方的に思っていることは ⟶ でかきましょう。

◆両方が思っていることは ⟷ でかきましょう。

◆同じグループや仲間の人は囲みましょう。

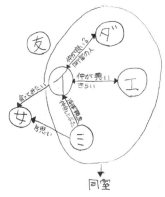

＜例＞「のどがかわいた」
ウーリー＝オルレブ　作

③ はじまりのない物語

　はじめに物語の終末を伝え、「どうしてそうなったかというと」の文に続けて、話をさかのぼっていきます。起こったことには理由があることを明確にし、順序立てて話を組み立てることを目指します。

準備するもの 教師:ワークシート

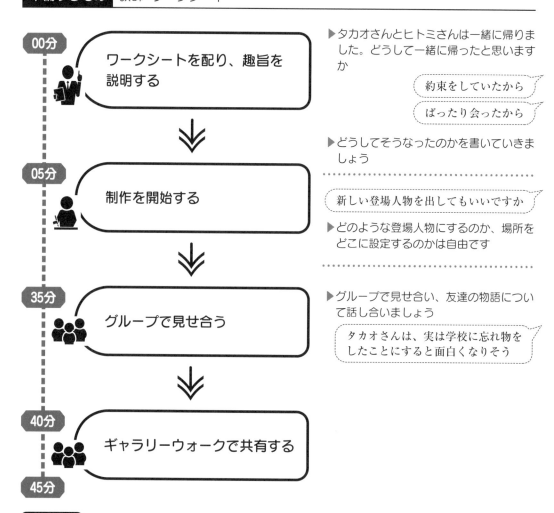

00分
ワークシートを配り、趣旨を説明する

▶タカオさんとヒトミさんは一緒に帰りました。どうして一緒に帰ったと思いますか

約束をしていたから

ばったり会ったから

05分
制作を開始する

▶どうしてそうなったのかを書いていきましょう

新しい登場人物を出してもいいですか

▶どのような登場人物にするのか、場所をどこに設定するのかは自由です

35分
グループで見せ合う

▶グループで見せ合い、友達の物語について話し合いましょう

タカオさんは、実は学校に忘れ物をしたことにすると面白くなりそう

40分
ギャラリーウォークで共有する

45分

ポイント

・最初に趣旨を説明するときに、お話をさかのぼっていくイメージをしっかりともたせましょう。

●参考文献・先行実践
　デイヴィット・ラロシェル訳　椎名かおる『めでたしめでたしからはじまる絵本』（あすなろ書房、2008年）

はじまりのない物語

組（　　　　）　番号（　　　　）　名前（　　　　　　　　　　）

1	タカオくんはコーヒーをわかしてコップに注いだ。
2	そしてそれからのことというと、タカオくんはコーヒーをわかして、お皿の横に出前のたからです。
3	そしてそれからのことというと、
4	そしてそれからのことというと、
5	そしてそれからのことというと、
6	そしてそれからのことというと、
7	そしてそれからのことというと、
8	そしてそれからのことというと、
9	そしてそれからのことというと、
10	そしてそれからのことというと、

④ 音読み話

　同じ音読みをする漢字をできるだけ多く使って、一つのストーリーを作るという活動です。同じ読みをする漢字について理解を深めながら、語彙力を高めます。教科書や辞典を使うと、漢字集めはすぐにできます。

| 準備するもの | 教師：ワークシート　児童：教科書、漢和辞典（あるとよい） |

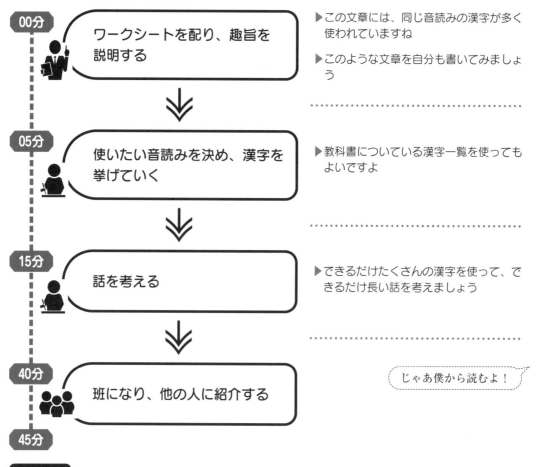

00分
ワークシートを配り、趣旨を説明する

▶この文章には、同じ音読みの漢字が多く使われていますね

▶このような文章を自分も書いてみましょう

05分
使いたい音読みを決め、漢字を挙げていく

▶教科書についている漢字一覧を使ってもよいですよ

15分
話を考える

▶できるだけたくさんの漢字を使って、できるだけ長い話を考えましょう

40分
班になり、他の人に紹介する

じゃあ僕から読むよ！

45分

ポイント

・導入で、同じ音読みをする漢字をグループ対抗で挙げていくと意欲が高まります。
・読み方が音読みなのか、訓読みなのか注意しなければならない漢字が多いので、一つ一つ確認させましょう。

●参考文献・先行実践
　ラクイチ国語研究会編『中学国語ラクイチ授業プラン』（学事出版、2017年）

音読み詩

〈例〉
「シン」の詩

大臣の命令で
深海へ行って
心身ともにつかれたので
森林で休みました。
すると神でんが現れて
兵隊が行進してきました。

◆集めたい音読み

◆その音読みの漢字

5 どちらかといえば…

　猫派か犬派かなどの二択の答えを決め、その理由をクラゲチャートにまとめていきます。クラゲチャートの足が増えていくことで、自分の意見をしっかりとしたものにします。発表するときには、どの順番で言うと説得力があるかを考えながら発表します。

準備するもの　教師：ワークシート

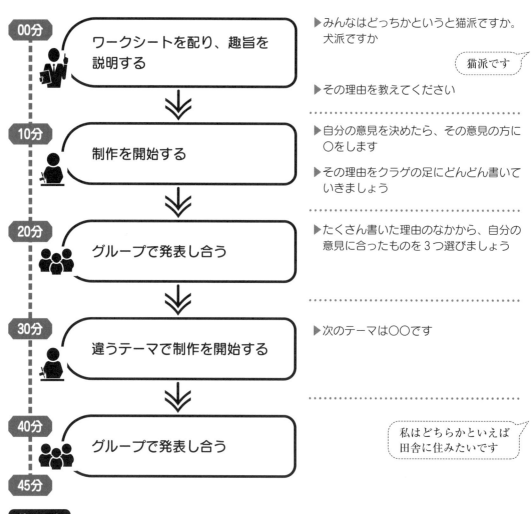

時間	活動	発問・指示
00分	ワークシートを配り、趣旨を説明する	▶みんなはどっちかというと猫派ですか。犬派ですか（猫派です）／▶その理由を教えてください
10分	制作を開始する	▶自分の意見を決めたら、その意見の方に○をします／▶その理由をクラゲの足にどんどん書いていきましょう
20分	グループで発表し合う	▶たくさん書いた理由のなかから、自分の意見に合ったものを3つ選びましょう
30分	違うテーマで制作を開始する	▶次のテーマは○○です
40分	グループで発表し合う	私はどちらかといえば田舎に住みたいです
45分		

ポイント

・違うテーマとして「パン派かごはん派か」や「田舎に住みたいか都会に住みたいか」「学校の昼食は給食か弁当か」などができます。

●参考文献・先行実践
　新潟大学教育学部附属新潟小学校『ICT ×思考ツールでつくる「主体的・対話的で深い学び」を促す授業』（小学館、2017）

どちらかといえば…

組（　　）　番号（　　）　名前（　　　　　　　　　　）

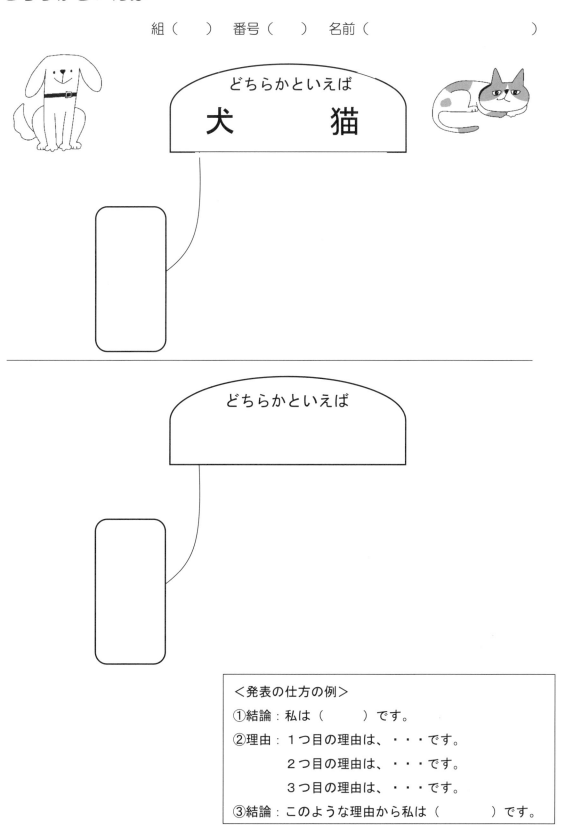

どちらかといえば
犬　　　猫

どちらかといえば

＜発表の仕方の例＞

①結論：私は（　　　）です。

②理由：１つ目の理由は、・・・です。

２つ目の理由は、・・・です。

３つ目の理由は、・・・です。

③結論：このような理由から私は（　　　）です。

❻ 想像してごらん

　教科書教材の題名に着目し、タイトルからイメージしたものを描く活動です。単元はじめの活動としても、また学習後の振り返りの活動としても有効です。「平和のとりでを築く」（光村図書6年）を例に取り上げていますが、様々な作品に応用可能です。

準備するもの	教師：ワークシート　児童：色鉛筆

00分

題名に着目し、イメージ化を図る

▶「平和」から、どんなことを想像しますか？

> 幸せなこと！自由！
> 家族とゆったりしていられる！

> 「とりで」って、何ですか？

▶わからないときは…？

> 調べます！

05分

ワークシートにタイトルから想像したことを書き込む

▶調べたこと、想像したことをメモしましょう

15分

タイトルをもとに絵を描く

▶どんなイメージが浮かびましたか？

▶色もつけてくださいね

35分

ギャラリーウォークで共有する

▶みんながどういう「平和のとりで」を描いたか、見せ合いましょう

45分

ポイント

・物語でやると、最初に想像したものと実際のストーリーとの違いを楽しむことができます。
・本の表紙をデザインするなどの課題にすると、より創造的な活動になります。

想像してごらん

組（　　　）　番号（　　　）　名前（　　　　　　　　　　）

◆タイトルに使われている言葉から想像することを書きましょう。

言葉	想像すること

◆タイトルをもとに絵を描いてみましょう。

7 辞書リレー

辞書を使った活動です。辞書の説明の文を読むと、そのなかにも難しい言葉が出てくることがあります。その言葉をまた調べて、そのなかの説明に使われている言葉をまた調べていくと…。どのようなリレーになったのかを振り返ると面白いです。

準備するもの 教師：ワークシート、ふせん　児童：辞書

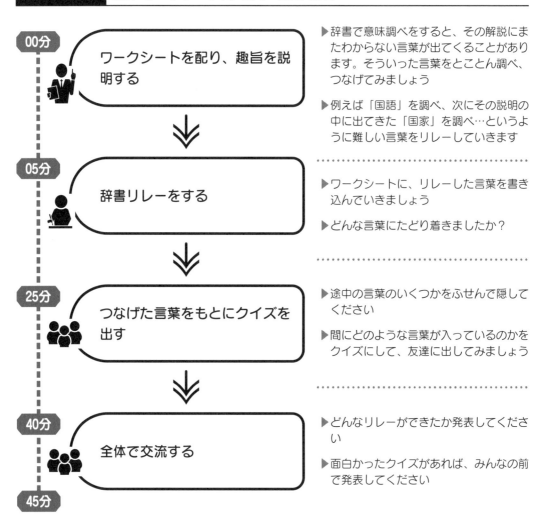

00分
ワークシートを配り、趣旨を説明する

▶辞書で意味調べをすると、その解説にまたわからない言葉が出てくることがあります。そういった言葉をとことん調べ、つなげてみましょう

▶例えば「国語」を調べ、次にその説明の中に出てきた「国家」を調べ…というように難しい言葉をリレーしていきます

05分
辞書リレーをする

▶ワークシートに、リレーした言葉を書き込んでいきましょう

▶どんな言葉にたどり着きましたか？

25分
つなげた言葉をもとにクイズを出す

▶途中の言葉のいくつかをふせんで隠してください

▶間にどのような言葉が入っているのかをクイズにして、友達に出してみましょう

40分
全体で交流する

▶どんなリレーができたか発表してください

▶面白かったクイズがあれば、みんなの前で発表してください

45分

ポイント

・クイズに答えるときにも辞書を活用するように助言すると、より辞書に親しむ活動となります。

辞書リレー

組（　　　）番号（　　　）名前（　　　　　　　　　　）

↓はじめに引いた言葉

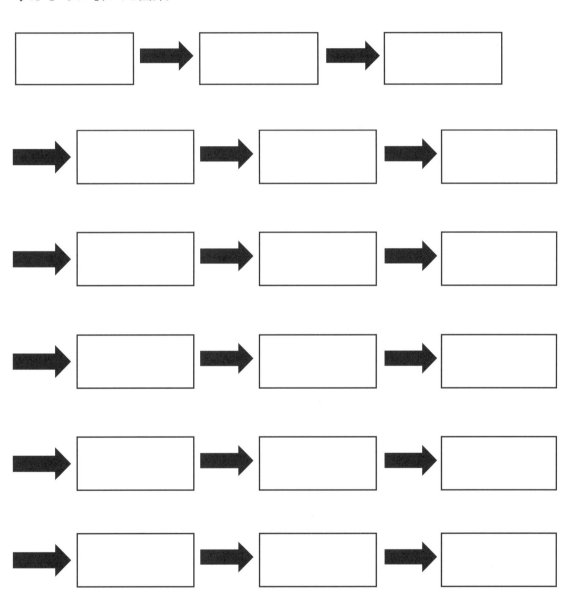

◆いくつかの言葉をふせんでかくして、
クイズを出してみましょう。

❽ 創作マンガ「鳥獣戯画」

「鳥獣戯画絵巻」の動物に吹き出しを付け加え、そこにセリフを書き加えながらマンガにする活動です。同じ絵でも一人ひとりのセリフが異なることで、様々な発想を学び合う機会となります。

準備するもの	教師：ワークシート、白紙　児童：はさみ、のり

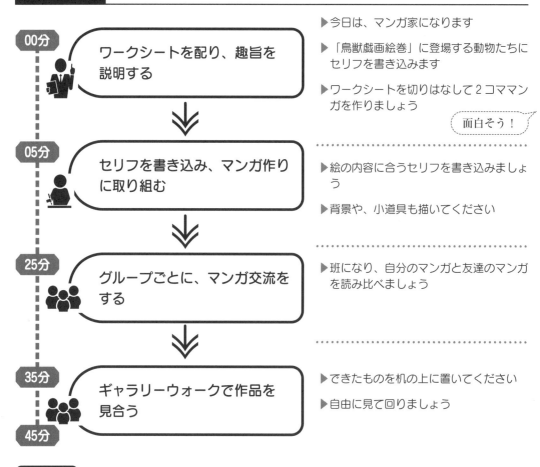

00分 ワークシートを配り、趣旨を説明する

▶ 今日は、マンガ家になります

▶ 「鳥獣戯画絵巻」に登場する動物たちにセリフを書き込みます

▶ ワークシートを切りはなして2コママンガを作りましょう

面白そう！

05分 セリフを書き込み、マンガ作りに取り組む

▶ 絵の内容に合うセリフを書き込みましょう

▶ 背景や、小道具も描いてください

25分 グループごとに、マンガ交流をする

▶ 班になり、自分のマンガと友達のマンガを読み比べましょう

35分 ギャラリーウォークで作品を見合う

▶ できたものを机の上に置いてください

▶ 自由に見て回りましょう

45分

ポイント

・フリー素材を活用して鳥獣戯画のイラストを増やしたり、4コママンガにしたりすると、より創造的な活動になります。
・絵巻物もマンガも話が流れていくという共通の特性があるので、その特性を意識してセリフを書き込むことで、絵と文を関連づけた学びができます。

● 参考文献・先行実践
・フリー素材（鳥獣戯画）ゆうきのページ　https://uki0001.dip.jp/sozai_giga.html

創作マンガ「鳥獣戯画」

❾ 名前を使って物語

　物語を創作する活動です。物語のなかで必ず自分の名前の漢字を用いること、という制限を設けます。物語の起承転結を意識させることや、自分の名前に使われている漢字が持つ意味に注意を向けさせることをねらいとしています。

準備するもの　教師：ワークシート　児童：漢字辞典（あれば）

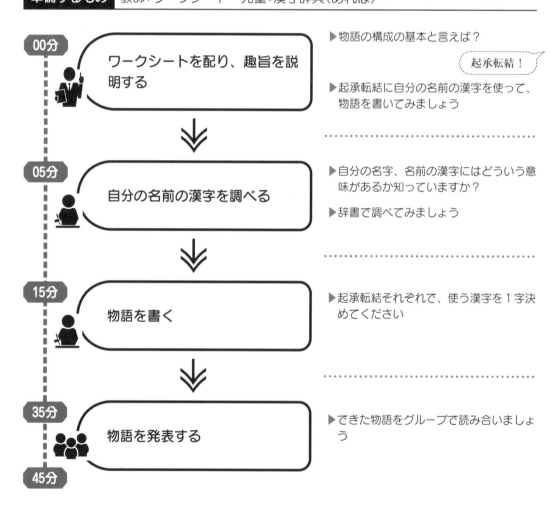

時刻	活動	声かけ
00分	ワークシートを配り、趣旨を説明する	▶物語の構成の基本と言えば？　　起承転結！　▶起承転結に自分の名前の漢字を使って、物語を書いてみましょう
05分	自分の名前の漢字を調べる	▶自分の名字、名前の漢字にはどういう意味があるか知っていますか？　▶辞書で調べてみましょう
15分	物語を書く	▶起承転結それぞれで、使う漢字を1字決めてください
35分	物語を発表する	▶できた物語をグループで読み合いましょう
45分		

ポイント

・ひらがなやカタカナの名前の場合は、同じ音で好きな漢字を選ぶようにします。
・自分の名前が難しい場合は、芸能人などから選んでもよいでしょう。
・起承転結のどこにどの漢字を置くかで話が大きく変わってきます。児童の創作意欲を刺激してあげてください。

名前を使って物語

組（　　　）　番号（　　　）　名前（　　　　　　　　）

◆自分の名前に使われている漢字の意味を調べてみましょう。

◆名前を使って物語を書いてみましょう。

漢字	物語
	起
	承
	転
	結

10 付け足して

　漢字に１画、２画付け足して、別の漢字に変身させる活動です。漢字の特徴から別の漢字を考え、作っていきます。クラスの仲間と助け合ったり、一人でじっくり取り組んだりしながら、漢字を楽しく学ぶきっかけにしていきます。

準備するもの 教師：ワークシート　児童：漢字辞典など

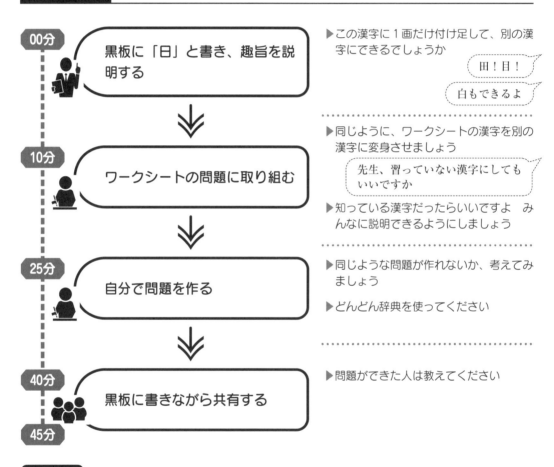

00分 黒板に「日」と書き、趣旨を説明する

▶この漢字に１画だけ付け足して、別の漢字にできるでしょうか

> 田！目！

> 白もできるよ

10分 ワークシートの問題に取り組む

▶同じように、ワークシートの漢字を別の漢字に変身させましょう

> 先生、習っていない漢字にしてもいいですか

▶知っている漢字だったらいいですよ　みんなに説明できるようにしましょう

25分 自分で問題を作る

▶同じような問題が作れないか、考えてみましょう

▶どんどん辞典を使ってください

40分 黒板に書きながら共有する

▶問題ができた人は教えてください

45分

ポイント

・制限時間を設定すると子どもたちは、より熱中して取り組むことができます。
・１画付け足す漢字に難しい「舌」→「乱」「門」→「閂」（かんぬき）を入れることで、漢字についての新たな発見や子どもたちの印象に残る学習になります。
・参観日に行うと、大人の力も借りながら学習を進めることができます。

●**参考文献・先行実践**
戸田大輔　実践記録　https://blog.goo.ne.jp/die2757/

付け足して

組（　　　）　番号（　　　）　名前（　　　　　　　　　）

◆一画たして別の漢字にしましょう。

日	休	持	内	大
上	土	二	万	舌
了	束	木	門	王
句	水	刀	住	皿

◆オリジナル問題を作ってみましょう。

11 四字熟語リンク

楽しみながら四字熟語の知識を増やすためのパズルです。後半にはパズルを自作することで、より積極的な参加を促します。

準備するもの | 教師：ワークシート（複数枚）

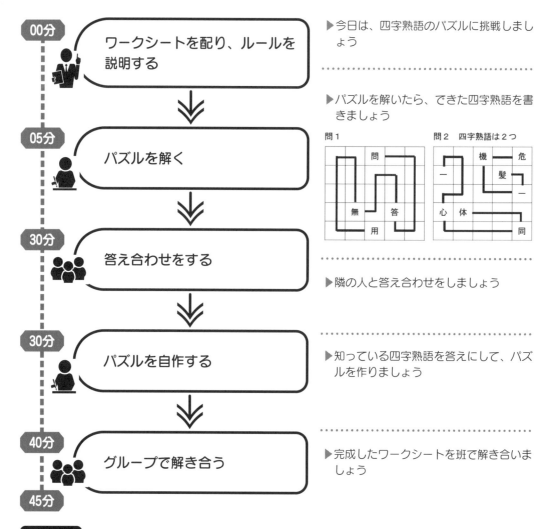

00分 ワークシートを配り、ルールを説明する
▶今日は、四字熟語のパズルに挑戦しましょう

05分 パズルを解く
▶パズルを解いたら、できた四字熟語を書きましょう

問1

問2　四字熟語は2つ

30分 答え合わせをする
▶隣の人と答え合わせをしましょう

30分 パズルを自作する
▶知っている四字熟語を答えにして、パズルを作りましょう

40分 グループで解き合う
▶完成したワークシートを班で解き合いましょう

45分

ポイント

・答え合わせのときに、意味も合わせて確認していくと、言葉の学習になります。
・四字熟語3つの問題にしても面白いです。

●参考文献・先行実践
　ラクイチ授業研究会編『中学国語 ラクイチ 授業プラン』（学事出版、2017年）

四字熟語リンク

組（　　）　番号（　　）　名前（　　　　　　　　　）

◆次のルールで四字熟語になるように漢字を線でつなぎましょう。

① 1つのマスに1本しか線を引けません。	
② 線は、タテかヨコに引きます。	
③ マスは全部使います。	

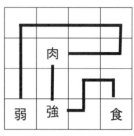

＜例＞弱肉強食

問1

		問	
	無	答	
	用		

問2　四字熟語は2つ

		機		危
一			髪	
				一
心	体			
				同

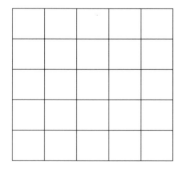

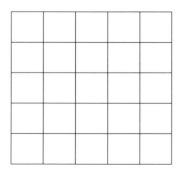

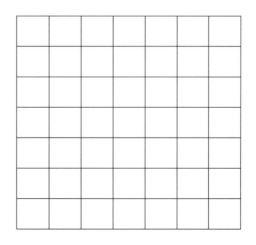

12 ことばの枝葉を広げよう

　言葉を木や葉っぱに見立てて、類語に関連する語を集める活動です。葉っぱが増えていくことで、語彙が増えているということが可視化され、言葉の獲得への意欲を高めます。また枝によってグループ分けすることで、言葉のカテゴリー化を促します。

準備するもの 教師：ワークシート

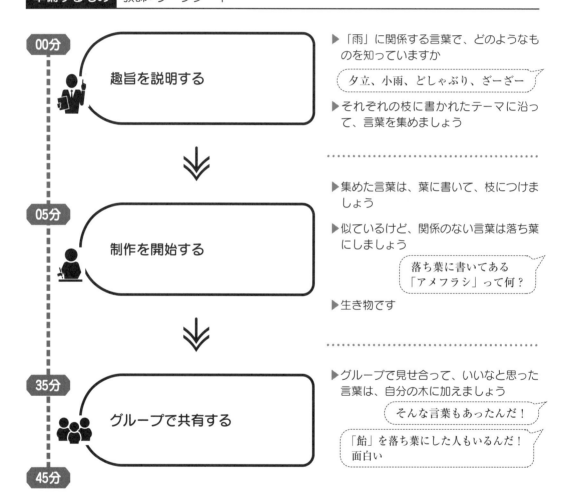

00分

趣旨を説明する

▶「雨」に関係する言葉で、どのようなものを知っていますか

夕立、小雨、どしゃぶり、ざーざー

▶それぞれの枝に書かれたテーマに沿って、言葉を集めましょう

05分

制作を開始する

▶集めた言葉は、葉に書いて、枝につけましょう

▶似ているけど、関係のない言葉は落ち葉にしましょう

落ち葉に書いてある「アメフラシ」って何？

▶生き物です

35分

グループで共有する

▶グループで見せ合って、いいなと思った言葉は、自分の木に加えましょう

そんな言葉もあったんだ！

「飴」を落ち葉にした人もいるんだ！面白い

45分

ポイント

・似ているけど、関係がない言葉は落ち葉にします。
・木の幹に書く言葉として、他に「雪」や「犬」などでもできます。
・クラス全員で同じ言葉に取り組ませる以外に、それぞれが好きな言葉で取り組むのも楽しい活動になります。

ことばの枝葉を広げよう

組（　　　）　番号（　　　）　名前（　　　　　　　　　　）

◆関係のある言葉を「葉」に書きましょう。

コラム① 作ってみよう！オリジナルラクイチ授業プラン

　本書に掲載されている授業プランは、「**学習内容**」と「**学習活動**」の組み合わせとして考えることができます。

　例えば、「13　世界の国3ヒントクイズ」は、「世界の国（学習内容）」と「3ヒントクイズ（学習活動）」の組み合わせです。また「32　実験器具ポスター作り」は「実験器具の使い方（学習内容）」と「ポスターづくり（学習活動）」を組み合わせた活動です。

　ここで、この2つの授業プランの学習活動を入れ替えてみるとどうなるでしょうか。

　世界の国 × ポスターづくり

⇒「世界の国を紹介しよう」…地図帳で世界の国の特徴を調べ、ポスターにまとめるといった授業ができます。

　実験器具の使い方 × 3ヒントクイズ

⇒「実験器具3ヒントクイズ」…実験器具の使い方を3ヒントクイズにして、何の実験器具かを当てるといった授業ができます。

　このように、また新しい授業プランを作ることができるのです。

　以下に、小学校編（低学年、中学年、高学年）で使われている主な学習活動を挙げます。様々な教科、学習内容と組み合わせてみてください。たくさんの授業プランのアイデアが浮かんでくるはずです。

　そして、面白そうな授業プランが思いついたら、ぜひ実践してみてください。実践をフォレスタネットに投稿していただけると、もっとうれしいです！（投稿方法は64ページを参照）

〈学習活動の例〉

3ヒントクイズ	ウェビングマップ	物語を書く
しりとり	仲間集め	ニュースづくり
ビンゴ	テスト問題づくり	ランキングづくり
神経衰弱	地図を描く	かるた
クラゲチャート	表彰状	4コマ漫画
似ているもの比べ	絵日記を書く	何かになりきる
辞書づくり	クロスワードパズル	デザインする
すごろく	3つの扉ゲーム	模型づくり
関係図を描く	インタビュー	連想する
○×クイズ	未来予想	ポスターづくり

2章

社会

13 世界の国３ヒントクイズ

　地図帳を使って世界の国について調べます。５年生の「世界と日本の国土」を学習した
あとを想定しています。３ヒントにするために、その国のことを調べることで、確かな知
識の習得を目指します。

準備するもの　教師：ワークシート　児童：地図帳

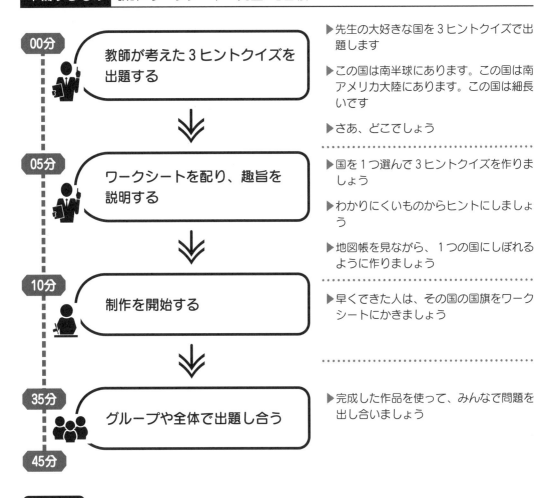

00分 教師が考えた３ヒントクイズを出題する
- ▶先生の大好きな国を３ヒントクイズで出題します
- ▶この国は南半球にあります。この国は南アメリカ大陸にあります。この国は細長いです
- ▶さあ、どこでしょう

05分 ワークシートを配り、趣旨を説明する
- ▶国を１つ選んで３ヒントクイズを作りましょう
- ▶わかりにくいものからヒントにしましょう
- ▶地図帳を見ながら、１つの国にしぼれるように作りましょう

10分 制作を開始する
- ▶早くできた人は、その国の国旗をワークシートにかきましょう

35分 グループや全体で出題し合う
- ▶完成した作品を使って、みんなで問題を出し合いましょう

45分

ポイント

・地図帳の情報だけにこだわらず、知っている知識をヒントにしても面白いです。例えば
「この国で○○年にオリンピック・パラリンピックがありました」や「この国ではキム
チが有名です」など

●参考文献・先行実践
ラクイチ授業研究会編『中学社会ラクイチ授業プラン』（学事出版、2018年）

世界の国３ヒントクイズ

組（　　　　）　番号（　　　　）　名前（　　　　　　　　　　）

＜答えにする国＞

＜ヒント１＞

＜答えの国の国旗＞

＜ヒント２＞

＜ヒント３＞

◆さあ！どこの国でしょう！

＜ヒントになりそうなこと＞
◆この国は北半球にあります。
◆この国の国旗には〇〇があります。
◆この国の国土は世界一広いです。
◆この国は海に囲まれています。
◆赤道がこの国を通っています。
などなど、地図帳で調べて面白いクイズを作りましょう！

14 世界の国の有名なもの

地図帳には、様々な国の有名なものが書いてあります。地図帳で調べた国の場所に色を塗り、その国の有名なものを調べていく活動です。国の場所と、その国についての基本的な知識を学習することがねらいです。

準備するもの 教師：ワークシート　児童：地図帳

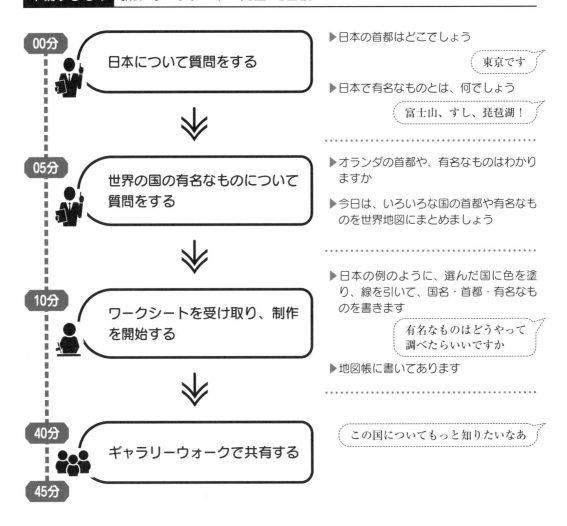

00分 日本について質問をする

▶日本の首都はどこでしょう
　東京です
▶日本で有名なものとは、何でしょう
　富士山、すし、琵琶湖！

05分 世界の国の有名なものについて質問をする

▶オランダの首都や、有名なものはわかりますか
▶今日は、いろいろな国の首都や有名なものを世界地図にまとめましょう

10分 ワークシートを受け取り、制作を開始する

▶日本の例のように、選んだ国に色を塗り、線を引いて、国名・首都・有名なものを書きます
　有名なものはどうやって調べたらいいですか
▶地図帳に書いてあります

40分 ギャラリーウォークで共有する

　この国についてもっと知りたいなあ

45分

ポイント

・地図帳に載っている項目には、食べ物や世界遺産などがあります。

●参考文献・先行実践
『楽しく学ぶ　小学生の地図帳』（帝国書院、2019年）

世界の国の有名なもの

日本
東京
富士山

地図：CraftMAP で作成

15 道の駅を作ろう

5年生社会科では、低い土地や高い土地のくらし、あたたかい土地や寒い土地のくらしを学習します。道の駅を作る活動を通してその地域の特色をまとめることがねらいです。ここでは、「あたたかい土地のくらし」で、沖縄を取り上げた場合の例を示しますが、他の単元の学習のまとめにも使えるワークシートです。

準備するもの 教師：白紙　児童：社会科資料集

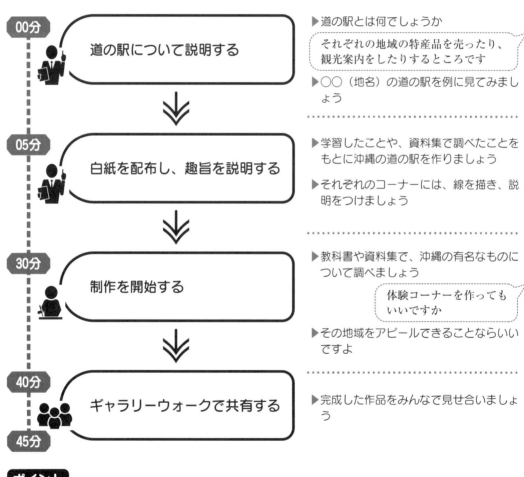

00分 道の駅について説明する

▶道の駅とは何でしょうか

それぞれの地域の特産品を売ったり、観光案内をしたりするところです

▶○○（地名）の道の駅を例に見てみましょう

05分 白紙を配布し、趣旨を説明する

▶学習したことや、資料集で調べたことをもとに沖縄の道の駅を作りましょう

▶それぞれのコーナーには、線を描き、説明をつけましょう

30分 制作を開始する

▶教科書や資料集で、沖縄の有名なものについて調べましょう

体験コーナーを作ってもいいですか

▶その地域をアピールできることならいいですよ

40分 ギャラリーウォークで共有する

▶完成した作品をみんなで見せ合いましょう

45分

ポイント

・参考文献の道の駅は HP に詳しい店内図が載っているので、参考になります。
・児童作品例が50ページに載っています。

●参考文献・先行実践
　道の駅　藤樹の里あどがわ　https://adogawa.net/

道の駅を作ろう

組（　　）番号（　　）名前（　　　　　　　　　　）

の 道の駅

⑯ 水産業かるた

　水産業をテーマにかるたを作成する活動です。水産業で学習してきた知識を使って表現する力を養います。終末では「取り札」の絵から「読み札」を予想することで、ゲーム感覚で単元の復習を行えます。

準備するもの 　教師：ワークシート、書画カメラ　児童：社会科資料集

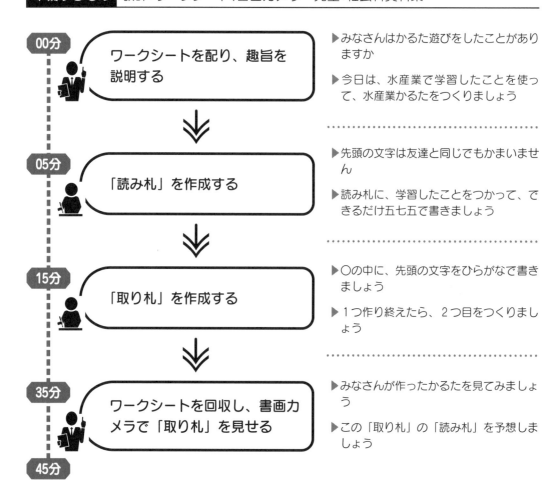

00分
ワークシートを配り、趣旨を説明する

▶ みなさんはかるた遊びをしたことがありますか

▶ 今日は、水産業で学習したことを使って、水産業かるたをつくりましょう

05分
「読み札」を作成する

▶ 先頭の文字は友達と同じでもかまいません

▶ 読み札に、学習したことをつかって、できるだけ五七五で書きましょう

15分
「取り札」を作成する

▶ ◯の中に、先頭の文字をひらがなで書きましょう

▶ 1つ作り終えたら、2つ目をつくりましょう

35分
ワークシートを回収し、書画カメラで「取り札」を見せる

▶ みなさんが作ったかるたを見てみましょう

▶ この「取り札」の「読み札」を予想しましょう

45分

ポイント

・他の教科、単元でもつくることができます。
・ギャラリーウォークで共有することも可能です。

●参考文献・先行実践
　ラクイチ国語研究会編『中学国語ラクイチ授業プラン』（学事出版、2017年）

水産業かるた

組（　　　）　番号（　　　）　名前（　　　　　　　　　）

取り札	読み札
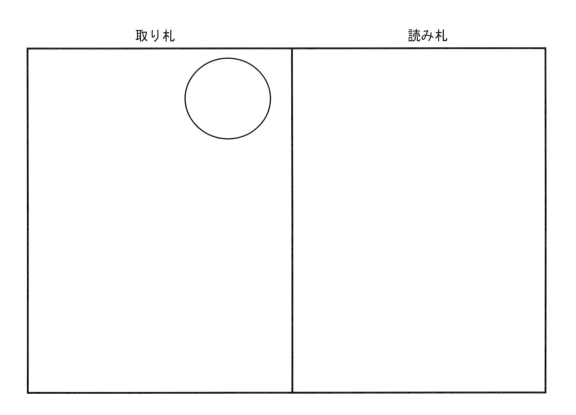	

＜例＞

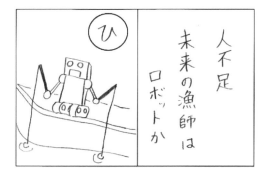

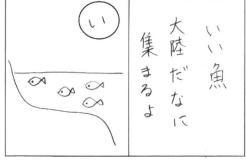

⑰ あったらいいな 未来の車

　工業の単元では、消費者のニーズを学び、環境の単元では、持続可能な社会について学習します。このワークシートでは、それらをふまえて未来の車を考えます。未来の車を考える活動を通して、学習したことを応用できるようになることがねらいです。

準備するもの 教師：ワークシート

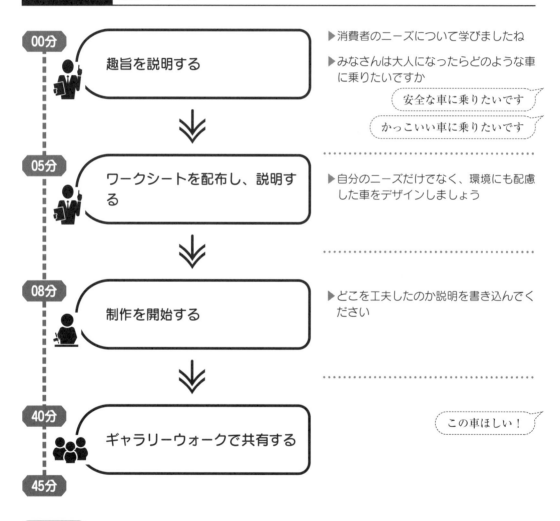

00分

趣旨を説明する

▶消費者のニーズについて学びましたね

▶みなさんは大人になったらどのような車に乗りたいですか

安全な車に乗りたいです

かっこいい車に乗りたいです

05分

ワークシートを配布し、説明する

▶自分のニーズだけでなく、環境にも配慮した車をデザインしましょう

08分

制作を開始する

▶どこを工夫したのか説明を書き込んでください

40分

ギャラリーウォークで共有する

この車ほしい！

45分

ポイント

・デザインした車のアピールポイントを発表できるようにすると盛り上がります。

●**参考文献・先行実践**
竹内裕一監修『ポプラディア情報館　自動車』（ポプラ社、2005年）

あったらいいな　未来の車

組（　　）　番号（　　）　名前（　　　　　　　　　　　）

◆消費者のニーズに合わせた車にしましょう。

◆環境のことを考えた車にしましょう。

＜例＞

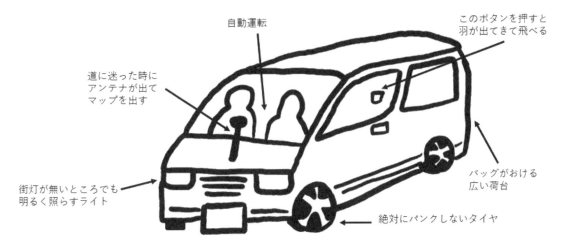

自動運転

このボタンを押すと
羽が出てきて飛べる

道に迷った時に
アンテナが出て
マップを出す

街灯が無いところでも
明るく照らすライト

バッグがおける
広い荷台

絶対にパンクしないタイヤ

車の名前	

18 ふたつを比べてみよう

　歴史に登場する人物のうち、特徴的な二人を比べて似ているところや違うところをまとめる活動です。歴史の流れをつかみつつ内容の整理を促します。人物だけでなく様々なテーマで応用できます。

準備するもの 教師：ワークシート　児童：社会の教科書、社会の資料集

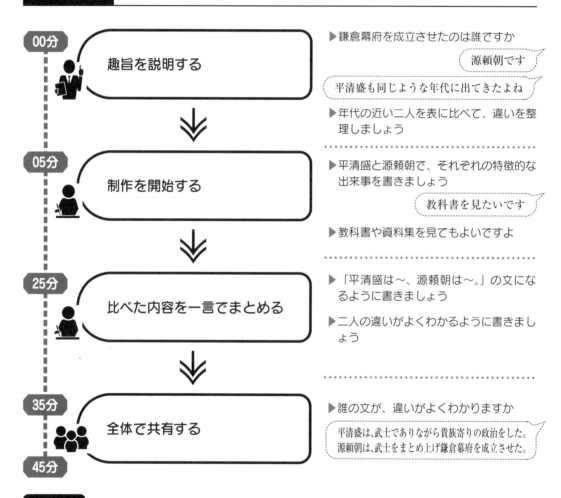

00分
趣旨を説明する
▶鎌倉幕府を成立させたのは誰ですか
　源頼朝です
　平清盛も同じような年代に出てきたよね
▶年代の近い二人を表に比べて、違いを整理しましょう

05分
制作を開始する
▶平清盛と源頼朝で、それぞれの特徴的な出来事を書きましょう
　教科書を見たいです
▶教科書や資料集を見てもよいですよ

25分
比べた内容を一言でまとめる
▶「平清盛は〜、源頼朝は〜。」の文になるように書きましょう
▶二人の違いがよくわかるように書きましょう

35分
全体で共有する
▶誰の文が、違いがよくわかりますか
　平清盛は、武士でありながら貴族寄りの政治をした。源頼朝は、武士をまとめ上げ鎌倉幕府を成立させた。

45分

ポイント
・他にも「朝廷と幕府」「鎌倉時代と室町時代」「金閣と銀閣」「豊臣秀吉と徳川家康」などを比べると面白い活動になります。

●参考文献・先行実践
『フォレスタネット selection vol.4』（スプリックス、2019年）
長瀬拓也『誰でもうまくいく！普段の楽しい社会科授業のつくり方』（黎明書房、2015年）

ふたつを比べてみよう

組（　　　）　番号（　　　）　名前（　　　　　　　）

◆似ているところ、違うところを調べましょう。

	平清盛	源頼朝
似ている		
違う		

◆比べたことを一言でまとめましょう。

平清盛は、

源頼朝は、

19 ○○時代の４コマ劇場

　歴史に出てくる時代を４コマ漫画にします。その時代の主要な出来事を時系列に並べることで、内容の復習をします。

準備するもの 教師：ワークシート　児童：社会の教科書、資料集、色鉛筆

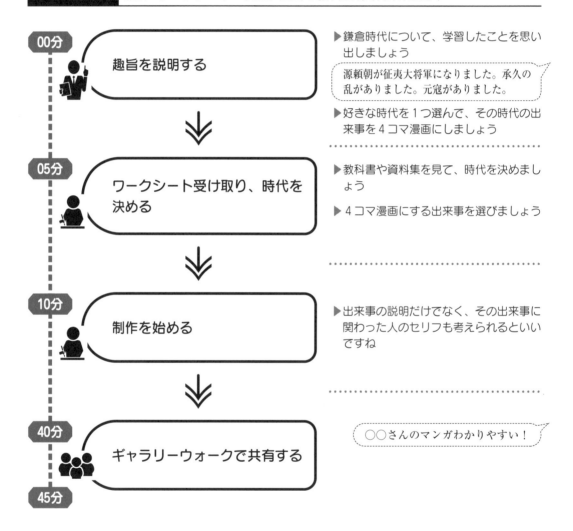

00分 趣旨を説明する
▶鎌倉時代について、学習したことを思い出しましょう
源頼朝が征夷大将軍になりました。承久の乱がありました。元寇がありました。
▶好きな時代を１つ選んで、その時代の出来事を４コマ漫画にしましょう

05分 ワークシート受け取り、時代を決める
▶教科書や資料集を見て、時代を決めましょう
▶４コマ漫画にする出来事を選びましょう

10分 制作を始める
▶出来事の説明だけでなく、その出来事に関わった人のセリフも考えられるといいですね

40分 ギャラリーウォークで共有する
○○さんのマンガわかりやすい！

45分

ポイント

・授業後、ワークシートを綴じて、「時代事典」として活用することもできます。

●**参考文献・先行実践**
ラクイチ授業研究会編『中学社会ラクイチ授業プラン』（学事出版、2018）

〇〇時代の４コマ劇場

組（　　）　番号（　　）　名前（　　　　　　　　　　）

◆４コマ漫画にする時代を選んで、その時代の出来事を４コマ漫画にしましょう。

選んだ時代

	....
	....
	....
	....

20 米作りすごろく

　米作りの過程を時系列に並べてすごろくを作ります。マスのなかに米作りの苦労や工夫を入れることで、食料生産の単元の理解を深めます。苦労するマスには「１マス戻る」などを入れるとすごろくをするときに盛り上がります。

準備するもの 教師：ワークシート　児童：社会科資料集

00分

ワークシートを配布し、趣旨を説明する

▶今日はいままで学習してきた、米作りの知識を利用してすごろくをつくりましょう

苗作りが大切なんですよね

05分

制作を開始する

▶「〇マス進む」や「〇回休む」などを入れてもいいでしょう

▶途中にカントリーエレベーターのマスがありますが、通らなくてもいいです

40分

グループですごろくに取り組む

▶出来上がった作品で遊びましょう。もっとこうしたらよいというところは教えてあげましょう

インターネット販売のルートを作りました

45分

ポイント

・「２マス進む」「１回休み」などを入れると楽しいすごろくになります。
・資料集を活用して、米作りの流れを確認しながら制作させましょう。
・児童作品例が50ページに載っています。

●参考文献・先行実践
　ラクイチ国語研究会編『中学国語ラクイチ授業プラン』（学事出版、2017年）
　教育技術編集部『小五教育技術2018年６月号』（小学館、2018年）

米作りすごろく

組（　　）　番号（　　）　名前（　　　　　　　　　　）

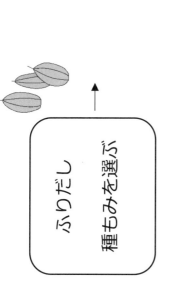

ふりだし
種もみを選ぶ

↓

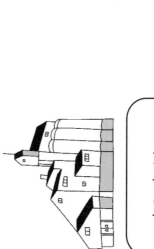

カントリー
エレベーター

あがり

食卓
（おいしいごはんになる）

道の駅を作ろう 【作品例】

<例> 沖縄の道の駅

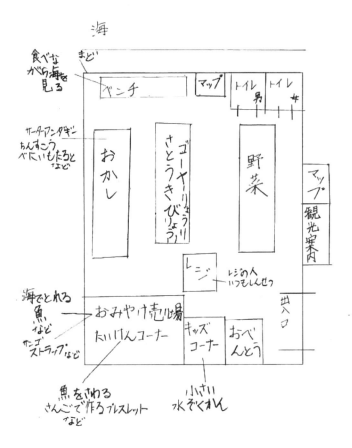

米作りすごろく 【作品例】

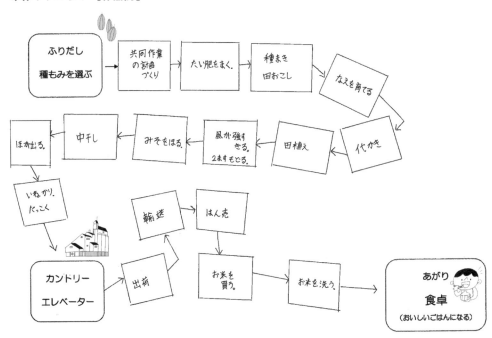

3 章

算数

21 分数さいころ

　異なる分母の計算を学習した後、ランダムな数を当てはめて計算します。ランダムに選ばれた4つの数字を当てはめるときに、計算結果ができるだけ小さくなるように考えることで、分数の大小の理解や計算の習熟が図れます。

| 準備するもの | 教師：ワークシート、さいころ（班の数があるとよい） |

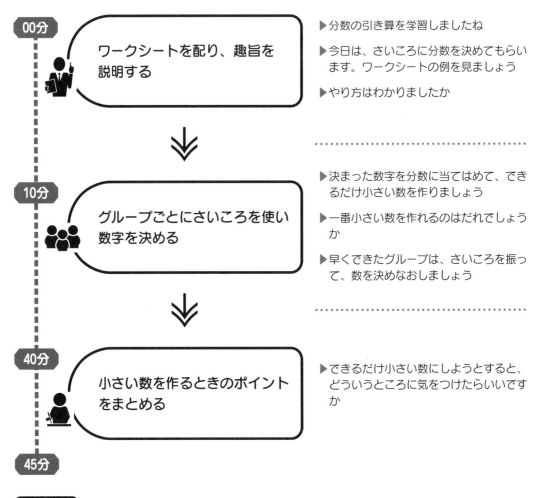

00分
ワークシートを配り、趣旨を説明する

▶分数の引き算を学習しましたね

▶今日は、さいころに分数を決めてもらいます。ワークシートの例を見ましょう

▶やり方はわかりましたか

10分
グループごとにさいころを使い数字を決める

▶決まった数字を分数に当てはめて、できるだけ小さい数を作りましょう

▶一番小さい数を作れるのはだれでしょうか

▶早くできたグループは、さいころを振って、数を決めなおしましょう

40分
小さい数を作るときのポイントをまとめる

▶できるだけ小さい数にしようとすると、どういうところに気をつけたらいいですか

45分

ポイント

・さいころに慣れてきたらトランプ（1〜10）ですると難易度が上がります。

●参考文献・先行実践
　川崎市算数共同研究会『授業で使える 算数ゲーム・パズル集』（明治図書出版、2000年）

分数さいころ

組（　　）　　番号（　　）　　名前（　　　　　　　　　　　）

◆さいころを４回ふって出た目を□に入れて、計算します。
　計算の答えが、できるだけ小さくなるようにしましょう。

たとえば、③ ① ⑤ ⑥ とさいころの目が出たとします。

$\dfrac{5}{6} - \dfrac{1}{3}$ と入れたら $\dfrac{5}{6} - \dfrac{1}{3} = \dfrac{5}{6} - \dfrac{2}{6} = \dfrac{3}{6} = \dfrac{1}{2}$

$\dfrac{5}{3} - \dfrac{1}{6}$ と入れたら $\dfrac{5}{3} - \dfrac{1}{6} = \dfrac{10}{6} - \dfrac{1}{6} = \dfrac{9}{6} = 1\dfrac{1}{2}$

◆さあ！やってみよう！
　一番小さな数を出せるのはだれかな？

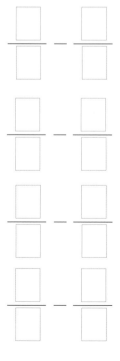

22 Ａ４用紙で正三角形

コピー用紙を折って、正三角形を作ります。はじめは自分で考えながら作るようにします。実際に作って、ものさしや分度器で確かめることで、その性質を理解することをねらいとしています。

準備するもの 教師：A4用紙、セロハンテープ　児童：ものさし、分度器

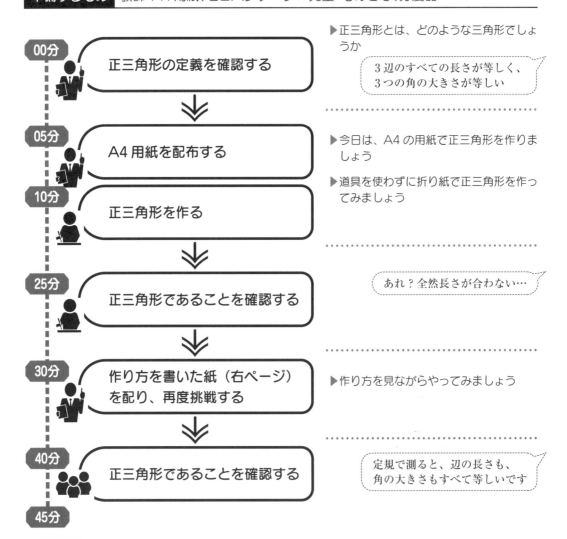

▶正三角形とは、どのような三角形でしょうか

> 3辺のすべての長さが等しく、3つの角の大きさが等しい

00分 正三角形の定義を確認する

05分 A4用紙を配布する

▶今日は、A4の用紙で正三角形を作りましょう

▶道具を使わずに折り紙で正三角形を作ってみましょう

10分 正三角形を作る

25分 正三角形であることを確認する

> あれ？全然長さが合わない…

30分 作り方を書いた紙（右ページ）を配り、再度挑戦する

▶作り方を見ながらやってみましょう

40分 正三角形であることを確認する

> 定規で測ると、辺の長さも、角の大きさもすべて等しいです

45分

ポイント

・クラスで作った正三角形を集めて、正多面体を作ることができます。
・面が正三角形の正多面体は、正四面体、正八面体、正二十面体があります。
・正多面体ではありませんが、六面体、十面体、十二面体などもできます。

●参考文献・先行実践
　芳賀和夫『オリガミクス〈1〉幾何図形折り紙』（日本評論社、1999年）

A4 用紙で正三角形【作り方】

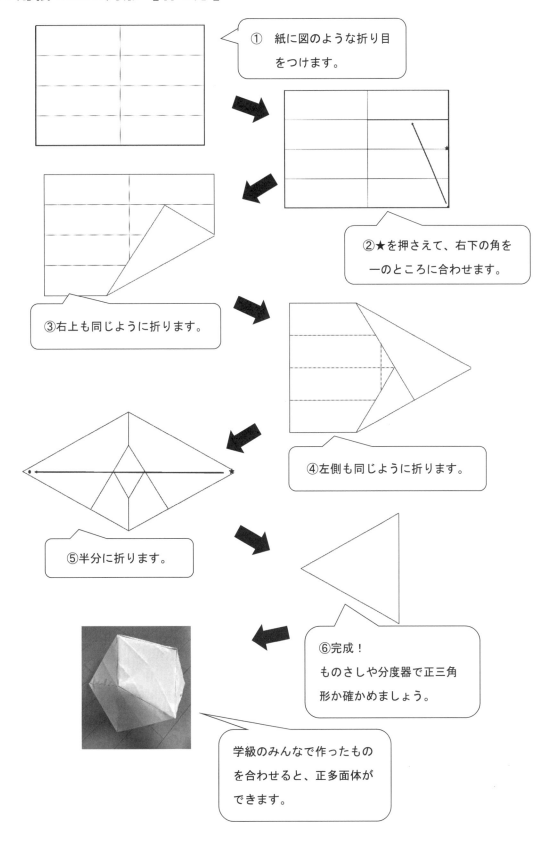

① 紙に図のような折り目をつけます。

②★を押さえて、右下の角を—のところに合わせます。

③右上も同じように折ります。

④左側も同じように折ります。

⑤半分に折ります。

⑥完成！
ものさしや分度器で正三角形か確かめましょう。

学級のみんなで作ったものを合わせると、正多面体ができます。

㉓ 素数を探そう

　素数とは「約数が１とその数しかない数」です。順に挙げていくと２、３、５、７…ですが、１から100までの数のなかにはいくつあるのでしょうか。素数を「早く、簡単に、正確に」調べる方法を考えることがねらいです。

準備するもの　教師：ワークシート

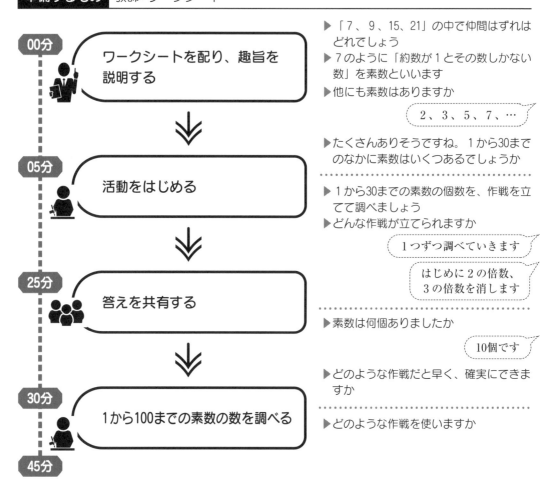

00分　ワークシートを配り、趣旨を説明する

▶「７、９、15、21」の中で仲間はずれはどれでしょう
▶７のように「約数が１とその数しかない数」を素数といいます
▶他にも素数はありますか

　　２、３、５、７、…

▶たくさんありそうですね。１から30までのなかに素数はいくつあるでしょうか

05分　活動をはじめる

▶１から30までの素数の個数を、作戦を立てて調べましょう
▶どんな作戦が立てられますか

　　１つずつ調べていきます

　　はじめに２の倍数、３の倍数を消します

25分　答えを共有する

▶素数は何個ありましたか

　　10個です

▶どのような作戦だと早く、確実にできますか

30分　１から100までの素数の数を調べる

▶どのような作戦を使いますか

45分

ポイント

・活動の途中で、考え方を共有することで、活動が進まない児童に見通しを持たせます。
・作戦を考えにくい児童には、１～100の数字が書かれた表を用意してあげると考えやすいです。
・早くできた児童には、101～200、201～300の中の素数を調べさせると発展課題になります。
・素数の数は、１～100は25個、101～200は21個、201～300は16個です。

●参考文献・先行実践
　早勢裕明編著『「主体的・対話的で深い学び」を実現する！　算数科「問題解決の授業」ガイドブック』（明治図書出版、2017年）

素数を探そう

組（　　　）　番号（　　　）　名前（　　　　　　　　　　　　）

◆ 7のように、約数が1とその数しかない数を素数といいます。

◆ 1は素数ではありません。

① 1から30までに素数が何個あるか、作戦を立てて調べましょう。

1	2	3	4	5	6	7	8	9	10
11	12	13	14	15	16	17	18	19	20
21	22	23	24	25	26	27	28	29	30

＜考えた作戦＞

答え

② 1から100までの素数の数を、作戦を立てて調べましょう。

＜考えた作戦＞

答え

24 アトラクションの楽しみ方は何通り？

6年生で組み合わせを学習します。その組み合わせる要素の一つ一つに異なる条件をつけることで、これまでと違った考え方をする楽しみに触れます。また、組み合わせの考え方を日常場面で使える力を養います。

準備するもの 教師：ワークシート

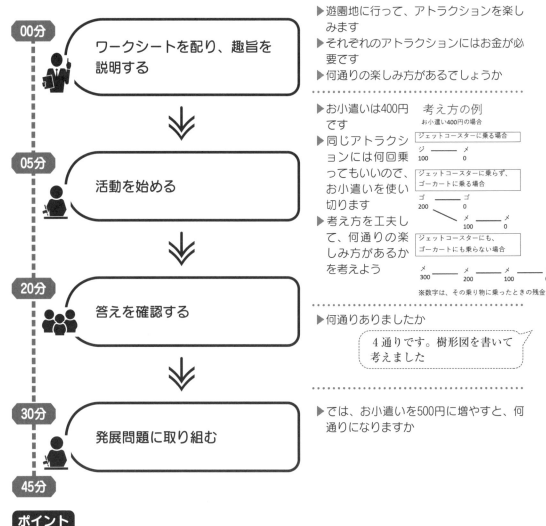

時間	活動	内容
00分	ワークシートを配り、趣旨を説明する	▶遊園地に行って、アトラクションを楽しみます ▶それぞれのアトラクションにはお金が必要です ▶何通りの楽しみ方があるでしょうか
05分	活動を始める	▶お小遣いは400円です ▶同じアトラクションには何回乗ってもいいので、お小遣いを使い切ります ▶考え方を工夫して、何通りの楽しみ方があるかを考えよう
20分	答えを確認する	▶何通りありましたか 4通りです。樹形図を書いて考えました
30分	発展問題に取り組む	▶では、お小遣いを500円に増やすと、何通りになりますか
45分		

ポイント
・お小遣い500円の場合は5通りあります。
・発展問題では、お小遣いを増やすという方法や、アトラクションを増やすという方法があります。
・例えば「おばけやしき150円」のように50円が出てくると、かなり難しい問題になります。

●参考文献・先行実践
新潟県上越市立直江津南小学校『算数好きを育てる教材アレンジアイディアブック』（明治図書出版、2017年）

アトラクションの楽しみ方は何通り？

組（　　　）　番号（　　　）　名前（　　　　　　　　）

◆次のルールでアトラクションの組み合わせを考えましょう。

・おこづかいは 400 円。

・同じアトラクションに何回乗ってもよい。

・おこづかいは使い切る。

メリーゴーランド	100 円
ゴーカート	200 円
ジェットコースター	300 円

・おこづかいが [　　　　　] 円の場合。

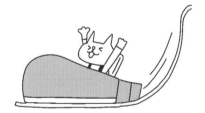

25 さいころで確率ビンゴ

　さいころの出た目を2回足した数を使ってビンゴをします。さいころの目の和によって、出る確率が違うことに気づくとビンゴになりやすい方法を発見できます。
　演算を工夫することで様々なアレンジができます。

準備するもの 教師：ワークシート、さいころ

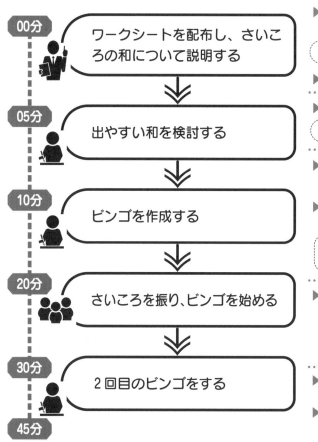

00分	ワークシートを配布し、さいころの和について説明する

▶ さいころを2回振って、出た目の和が「3」になるのは何通りありますか

　1と2、2と1が出たときの2通りです

▶ 出た目の和は2から12までありますね

05分	出やすい和を検討する

▶ どの和が出やすいでしょう

　7が最も出やすいです

▶ さいころを2回振った目の和でビンゴをします

10分	ビンゴを作成する

▶ 同じ数字は何度でも使ってよいですが、1度に〇を付けられるのは1つです

　1回目の和が7で、2回目の和も7だったら、7に2つ〇が付くのですね

20分	さいころを振り、ビンゴを始める

▶ 1回目に2が出て、2回目に3が出たので5に〇を付けましょう

　5を2回書いていても、〇を付けるのは1つですね

30分	2回目のビンゴをする
45分	

▶ 次は条件を、2つの出た目の引き算にします

▶ 作戦を考えてワークシートに記入しましょう

ポイント

・足し算で最も出やすいのは「7」で6通りです。最も出にくいのは「2」「12」で、それぞれ1通りです。
・次のようなアレンジができます。
　引き算・かけ算にする。
　さいころを20面さいころにする。(54頁の「A4用紙で正三角形」で作ったものを使えます)

●参考文献・先行実践
　今野紀雄『図解雑学 確率』(ナツメ社、1997年)

さいころで確率ビンゴ

組（　　）　番号（　　）　名前（　　　　　　　　　　　　）

◆さいころを２回投げて出た目の和は、２から 12 になります。
　和は、どの数字が出やすいでしょう。

◆さいころを２回投げて、ビンゴをしましょう。
　出た和の数字に〇を付けましょう。
　何回でも同じ数字を使っていいですが、１度に〇をつけられるのは１つだけです。

◆２回目

26 同じ量にするには？

これまで学習してきた「長さ・重さ・面積・体積」等を使って、単位は違っても同じ長さ（重さ・面積・体積等）を見つける活動です。クイズを出し合いながら6年間のまとめとして、メートル法や単位の仕組みを学ぶ機会となります。

準備するもの 教師：ワークシート

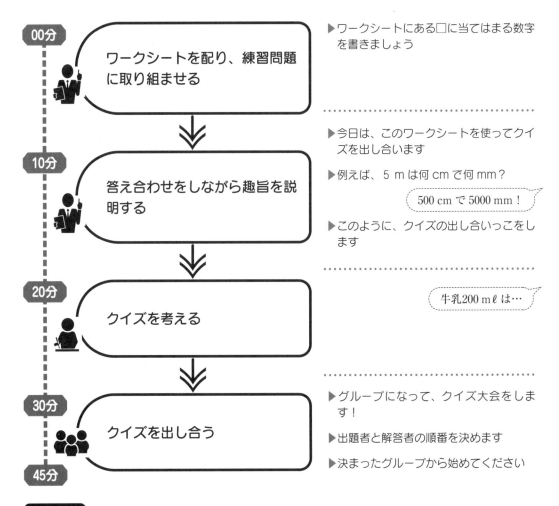

00分
ワークシートを配り、練習問題に取り組ませる

▶ワークシートにある□に当てはまる数字を書きましょう

10分
答え合わせをしながら趣旨を説明する

▶今日は、このワークシートを使ってクイズを出し合います

▶例えば、5mは何cmで何mm？

500cmで5000mm！

▶このように、クイズの出し合いっこをします

20分
クイズを考える

牛乳200mℓは…

30分
クイズを出し合う

▶グループになって、クイズ大会をします！

▶出題者と解答者の順番を決めます

▶決まったグループから始めてください

45分

ポイント

・出題に困っている児童がいる場合、教科書にある問題を使って出題することを認めると、問題を作りやすくなります。

『小学校ラク1チ授業プラン（高学年）』誤りのお詫びと訂正

この度、上記の書籍において誤りが見つかりました。お詫びして訂正いたします。

※学事出版サイトからダウンロードできるデータは、正しいものに差し替え済です。このワークシートを利用される場合は、Wordデータをダウンロードしてお使いください。

● 誤りがあった箇所

本文63ページ 「同じ量にするには？」のワークシート内

＜誤＞
ワークシート中ほどの【重さ】の一番左の単位が「1mm」になっている。

＜正＞
「1mg」

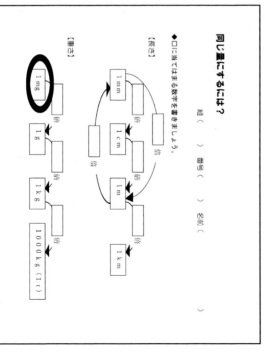

同じ量にするには？

組（　　　）　番号（　　　）　名前（　　　　　　　　）

◆□に当てはまる数字を書きましょう。

【長さ】

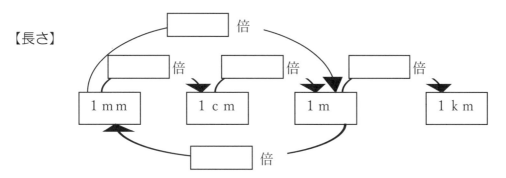

【重さ】

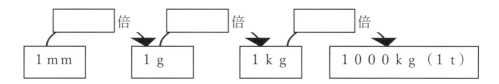

【体積】

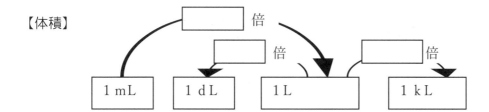

◆問題を作って、クイズ大会をしましょう。

例題	富士山の高さは？	3776	cm	mm
1				
2				
3				
4				
5				

コラム ❷ 投稿しよう！オリジナルラクイチ授業プラン

　本書『小学校ラクイチ授業プラン』の授業案のなかには、フォレスタネットへの投稿がもとになってできたものもたくさんあります。「ラクイチ授業」の条件は以下の3つです。

1　1時間で完結する…1時間完結の内容で、好きなタイミングで行える授業であること。
2　準備に時間がかからない…ワークシートの印刷など、簡単な授業準備で実践できること。
3　誰でも実践できる…「あの先生だからできる」ような達人技は必要ないこと。

　普段、何気なく行っているあなたの授業も、もしかしたらラクイチ授業プランかも!?
　このような授業があったら、投稿してみませんか？
　オリジナリティのある授業プランは、ラクイチ授業プランの本に掲載される可能性も。

〈フォレスタネットへの投稿方法〉

①スマホまたはPCから「フォレスタネット」にアクセスし、会員登録する。
※すでに会員の方はログインして②へ

②「ラクイチ授業プラン」特設ページにアクセスする。

③「この特集に投稿する」ボタンを押して投稿する。

4章

理科

27 メスシリンダーで正確に量るには

　教科書にメスシリンダーの使い方が載っていますが、教科書通りにすれば、児童は正確に量れるのでしょうか。20 mL を 5 回量って、100 mL になるのかという活動です。道具を正しく使えるようになることをねらいとしています。

準備するもの 教師：ワークシート、メスシリンダー、ビーカー（できれば目盛りのない容器）、ビーカー（水入り）

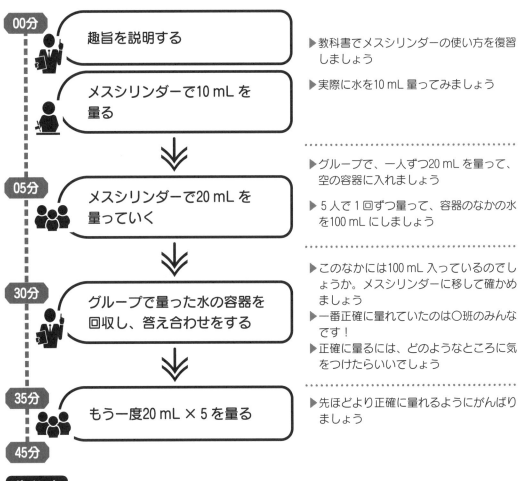

00分 趣旨を説明する
- ▶教科書でメスシリンダーの使い方を復習しましょう
- ▶実際に水を10 mL 量ってみましょう

メスシリンダーで10 mL を量る

05分 メスシリンダーで20 mL を量っていく
- ▶グループで、一人ずつ20 mL を量って、空の容器に入れましょう
- ▶5人で 1 回ずつ量って、容器のなかの水を100 mL にしましょう

30分 グループで量った水の容器を回収し、答え合わせをする
- ▶このなかには100 mL 入っているのでしょうか。メスシリンダーに移して確かめましょう
- ▶一番正確に量れていたのは〇班のみんなです！
- ▶正確に量るには、どのようなところに気をつけたらいいでしょう

35分 もう一度20 mL × 5 を量る
- ▶先ほどより正確に量れるようにがんばりましょう

45分

ポイント

・グループで量った水の容器の答え合わせで、上手なグループに量り方を説明させると、活躍の場が広がります。
・道具は理科室にあり、消耗品は水しか使わないのですぐにできます。

●参考文献・先行実践
石井雅幸監修『理科実験に役立つ　道具のつかい方事典』（岩崎書店、2001年）

メスシリンダーで正確に量るには

組（　　）　番号（　　）　名前（　　　　　　　　　）

＜準備＞メスシリンダー、空の容器、水の入った容器

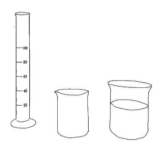

◆メスシリンダーで、同じ量だけ水を量りましょう。

量った水は、空の容器に集めておきましょう。

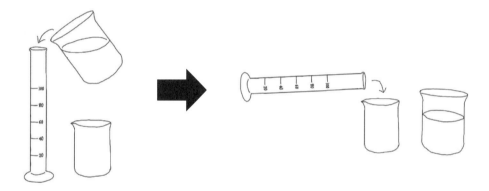

	量る人	量った水（mL）
1		20mL
2		20mL
3		20mL
4		20mL
5		20mL
合計		100mL

28 メダカのオスとメスを比べよう

　メダカのオスとメスを見分ける活動です。まずは予想を立て、その後に観察を通して確かめます。生き物への関心を高めるとともに、注意深く観察する力を育てることをねらいとしています。

準備するもの 教師：ワークシート　児童：教科書

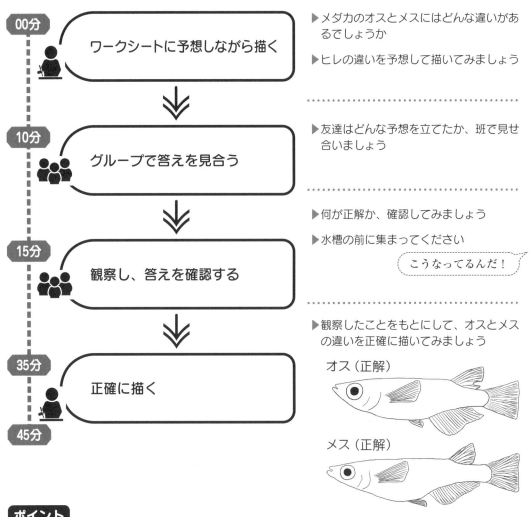

00分
ワークシートに予想しながら描く

▶メダカのオスとメスにはどんな違いがあるでしょうか

▶ヒレの違いを予想して描いてみましょう

10分
グループで答えを見合う

▶友達はどんな予想を立てたか、班で見せ合いましょう

15分
観察し、答えを確認する

▶何が正解か、確認してみましょう

▶水槽の前に集まってください

こうなってるんだ！

35分
正確に描く

45分

▶観察したことをもとにして、オスとメスの違いを正確に描いてみましょう

オス（正解）

メス（正解）

ポイント

・理科室で行う場合は、水槽で実際のメダカの様子を観察します。教室などでの実物の観察が難しい場合は、動画や教科書の写真で代用します。
・メダカ以外にも、様々な魚のヒレの違いを紹介したり、隠して予想させたりすると、生き物に対する関心が高まります。

メダカのオスとメスを比べよう

組（　　　　）番号（　　　　）名前（　　　　　　　　　　）

◆ヒレの違いを予想して描いてみましょう。

オス　　　　　　　　　　　　　　　　　（予想）

....

....

....

....

メス

....

....

....

....

◆観察して、正確に描いてみましょう。

オス　　　　　　　　　　　　　　　　　（観察して分かったこと）

....

....

....

....

メス

....

....

....

....

㉙ スズランテープで消化管模型作り

スズランテープで消化管模型を作ります。消化管の長さを実感し、8mもある長い消化管が胴体に収まっていることを、模型を作りながら学びます。

準備するもの 教師：8mのスズランテープ、四つ切画用紙、セロハンテープ、油性ペン

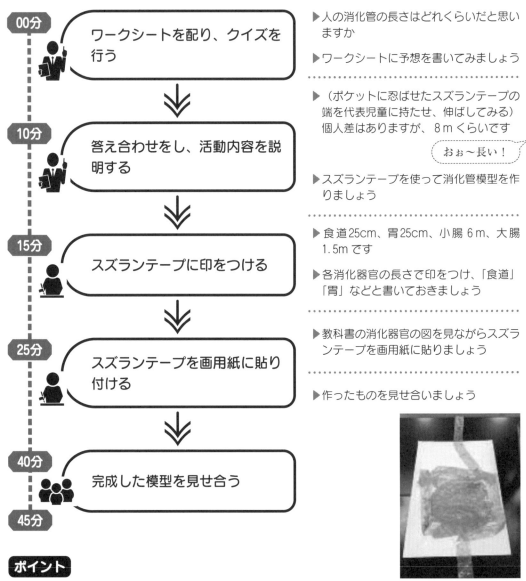

00分 ワークシートを配り、クイズを行う

▶人の消化管の長さはどれくらいだと思いますか

▶ワークシートに予想を書いてみましょう

10分 答え合わせをし、活動内容を説明する

▶（ポケットに忍ばせたスズランテープの端を代表児童に持たせ、伸ばしてみる）個人差はありますが、8mくらいです

おぉ〜長い！

▶スズランテープを使って消化管模型を作りましょう

15分 スズランテープに印をつける

▶食道25cm、胃25cm、小腸6m、大腸1.5mです

▶各消化器官の長さで印をつけ、「食道」「胃」などと書いておきましょう

25分 スズランテープを画用紙に貼り付ける

▶教科書の消化器官の図を見ながらスズランテープを画用紙に貼りましょう

▶作ったものを見せ合いましょう

40分 完成した模型を見せ合う

45分

ポイント

・胴体の前に持って記念撮影をするのも楽しい活動です。
・長い小腸が曲がりくねりながら胴体に収まっていることに気が付かせたいです。

スズランテープで消化管模型作り

組（　　　）　番号（　　　）　名前（　　　　　　　　　　）

◆人の消化管の長さはどのくらいでしょうか。予想を書きましょう（単位はm、または cm）。
　また、それぞれの消化管の役割も書きましょう。

食道
（長さ）　　＿＿＿＿＿＿＿＿＿＿＿＿＿＿＿

（はたらき）＿＿＿＿＿＿＿＿＿＿＿＿＿＿＿＿＿＿＿＿＿＿＿＿＿＿＿

胃
（長さ）　　＿＿＿＿＿＿＿＿＿＿＿＿＿＿＿

（はたらき）＿＿＿＿＿＿＿＿＿＿＿＿＿＿＿＿＿＿＿＿＿＿＿＿＿＿＿

小腸
（長さ）　　＿＿＿＿＿＿＿＿＿＿＿＿＿＿＿

（はたらき）＿＿＿＿＿＿＿＿＿＿＿＿＿＿＿＿＿＿＿＿＿＿＿＿＿＿＿

大腸
（長さ）　　＿＿＿＿＿＿＿＿＿＿＿＿＿＿＿

（はたらき）＿＿＿＿＿＿＿＿＿＿＿＿＿＿＿＿＿＿＿＿＿＿＿＿＿＿＿

合計　　　　　　　　　　

＜模型の作り方＞

- ・スズランテープを「合計」の長さに切る。
- ・各消化管の長さに印をつける。
- ・それぞれの場所に「食道」「胃」「小腸」「大腸」と書き込む。
- ・教科書などを参考にして、画用紙に貼っていく。

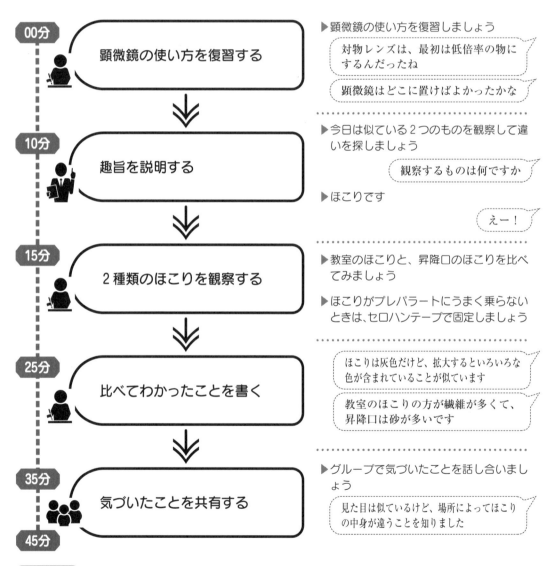

30 顕微鏡で比べてみよう

似ている2つの物を顕微鏡で観察し、その違いを考える活動です。身近にあって一見すると違いがわからないような物を比べる活動を通して、新たな発見を促します。

準備するもの 教師：ワークシート、顕微鏡、比べる物（ポイント参照）

00分　顕微鏡の使い方を復習する

▶顕微鏡の使い方を復習しましょう

　対物レンズは、最初は低倍率の物にするんだったね

　顕微鏡はどこに置けばよかったかな

10分　趣旨を説明する

▶今日は似ている2つのものを観察して違いを探しましょう

　観察するものは何ですか

▶ほこりです

　えー！

15分　2種類のほこりを観察する

▶教室のほこりと、昇降口のほこりを比べてみましょう

▶ほこりがプレパラートにうまく乗らないときは、セロハンテープで固定しましょう

25分　比べてわかったことを書く

　ほこりは灰色だけど、拡大するといろいろな色が含まれていることが似ています

　教室のほこりの方が繊維が多くて、昇降口は砂が多いです

35分　気づいたことを共有する

▶グループで気づいたことを話し合いましょう

　見た目は似ているけど、場所によってほこりの中身が違うことを知りました

45分

ポイント

・観察するものは、他にも「水道水と水槽の水」「2種類の花の花粉」「チョークの粉と色鉛筆の粉」などがあります。

顕微鏡で比べてみよう

組（　　　）　番号（　　　）　名前（　　　　　　　　　　）

◆顕微鏡で観察しましょう。

観察したもの	観察したもの

◆２つを比べてわかったことを書きましょう。

....

....

....

....

....

31 理科博士になろう

　これまでに学習した内容をもとに〇×クイズを作成し、友達とクイズを出し合う活動です。単元のまとめや学期の振り返りなどの機会に行うと、楽しみながら復習でき、理科の知識の定着につながります。

準備するもの 教師：ワークシート、下の学年の教科書　児童：教科書

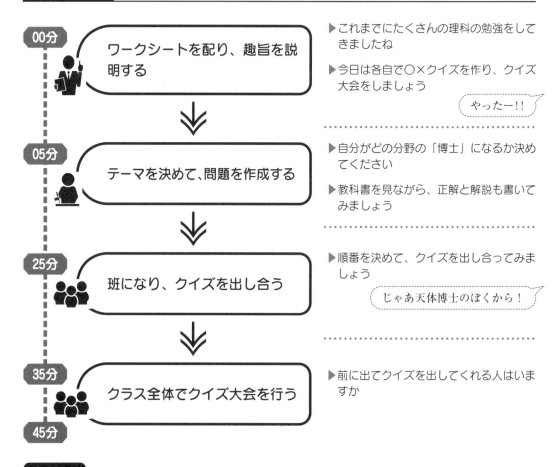

00分 ワークシートを配り、趣旨を説明する
- ▶これまでにたくさんの理科の勉強をしてきましたね
- ▶今日は各自で〇×クイズを作り、クイズ大会をしましょう

　やったー!!

05分 テーマを決めて、問題を作成する
- ▶自分がどの分野の「博士」になるか決めてください
- ▶教科書を見ながら、正解と解説も書いてみましょう

25分 班になり、クイズを出し合う
- ▶順番を決めて、クイズを出し合ってみましょう

　じゃあ天体博士のぼくから！

35分 クラス全体でクイズ大会を行う
- ▶前に出てクイズを出してくれる人はいますか

45分

ポイント

・テーマを選ぶのが難しそうな場合は、あらかじめくじを用意したり、教師の側で指定したりすると活動に入りやすくなります。
・下の学年の教科書を使って、過去の学習を振り返らせるのも良い活動です。
・クラス全体でクイズ大会を行うときに、教室を半分に分け、〇×で移動させたりすると大がかりで楽しい活動になります。

●参考文献・先行実践
　太田昭夫『理科の基礎・基本ワークシート　小学5年生』（学事出版、2000年）

理科博士になろう

組 （　　　　）番号 （　　　　）名前 （　　　　　　　　　　　）

◆理科博士になって〇×クイズを作りましょう。

《例》

（問題）太陽の表面に見える黒い点をクレーターと言う。　　　（正解）×

（解説）黒点。クレーターとは月面のくぼみのこと。

私は 　　　　　　　　　　　　博士です！　※出題分野を書きましょう。

1

（問題）　　　　　　　　　　　　　　　　　　　　　　　（正解）

（解説）

2

（問題）　　　　　　　　　　　　　　　　　　　　　　　（正解）

（解説）

3

（問題）　　　　　　　　　　　　　　　　　　　　　　　（正解）

（解説）

4

（問題）　　　　　　　　　　　　　　　　　　　　　　　（正解）

（解説）

5

（問題）　　　　　　　　　　　　　　　　　　　　　　　（正解）

（解説）

32 実験器具ポスター作り

　6年生の学習のまとめとして、実験器具のポスターを描く活動です。これまでの学習で使った実験器具の使い方や注意事項を振り返って、後輩たちの役に立つポスターを作ることが重要です。

準備するもの | 教師：画用紙、カラーペン、3〜6年生の教科書　児童：自分の教科書

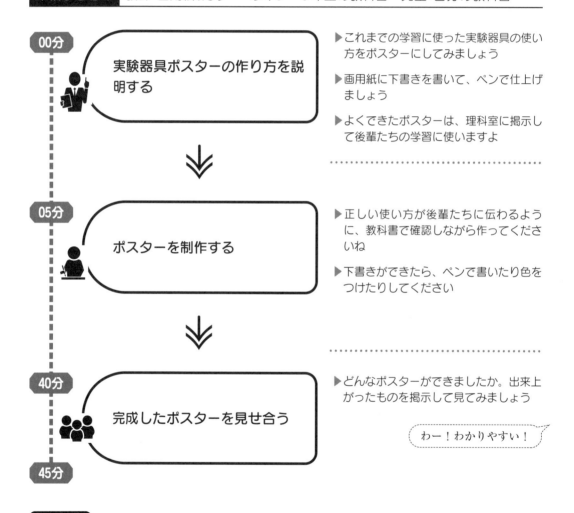

00分

実験器具ポスターの作り方を説明する

▶これまでの学習に使った実験器具の使い方をポスターにしてみましょう

▶画用紙に下書きを書いて、ペンで仕上げましょう

▶よくできたポスターは、理科室に掲示して後輩たちの学習に使いますよ

05分

ポスターを制作する

▶正しい使い方が後輩たちに伝わるように、教科書で確認しながら作ってくださいね

▶下書きができたら、ペンで書いたり色をつけたりしてください

40分

完成したポスターを見せ合う

▶どんなポスターができましたか。出来上がったものを掲示して見てみましょう

わー！わかりやすい！

45分

ポイント

・これまで使った実験器具から1つ選ばせたり、いくつかの実験器具を教師が選んでおいて数人ずつに振り分けたりするとよいと思います。

実験器具ポスター作り【作品例】

〈方位磁針のポスターの例〉

ほういじんの 使い方

ほういじんのはりは、北と南を指して止まります。これを使えば、東西南北などのほういを知ることができます。

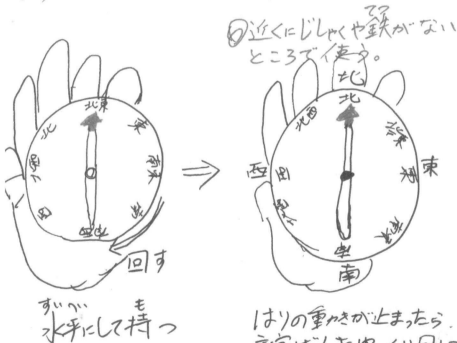

近くにじしゃくや鉄がないところで使う。

水平にして持つ

回す

はりの動きが止まったら、文字ばんをゆっくり回して「北」の文字をはりの色のついたほうに合わせる。

タイトル

組（　　）　番号（　　）　名前（　　　　　　　　　）

										20
										40
										60
										80
										100
										120

5章

外国語

33 Where is the item?

ワークシートにあるイラストを見ながら、何が、どこにあるのかを英語で言えるように練習します。また、友達同士で質問し合いながら、コミュニケーションをはかります。

準備するもの	教師：ワークシート

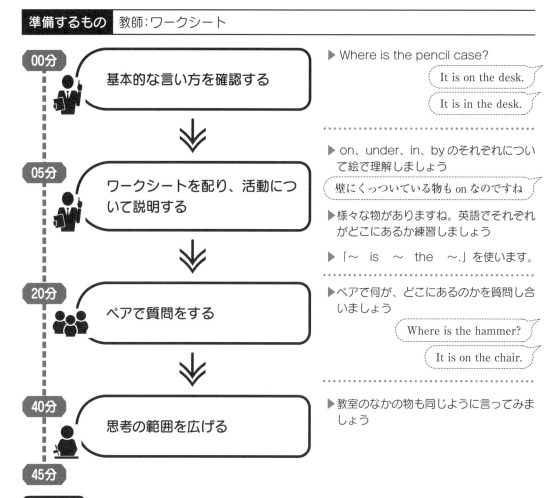

00分　基本的な言い方を確認する

▶ Where is the pencil case?
　It is on the desk.
　It is in the desk.

05分　ワークシートを配り、活動について説明する

▶ on、under、in、by のそれぞれについて絵で理解しましょう
　壁にくっついている物も on なのですね

▶ 様々な物がありますね。英語でそれぞれがどこにあるか練習しましょう

▶「～ is ～ the ～.」を使います。

20分　ペアで質問をする

▶ ペアで何が、どこにあるのかを質問し合いましょう
　Where is the hammer?
　It is on the chair.

40分　思考の範囲を広げる

▶ 教室のなかの物も同じように言ってみましょう

45分

ポイント

・場所が言えるようになったものに色を塗ったり、印を付けたりして何がどこまで言えるようになったのかを視覚的に理解させると、達成感があります。
・使用する文　「～ is ～ the ～.」～は～の～にあります。
　　　　　　　「Where is the ～?」～はどこにありますか。
・イラストに出てくる単語
　鍵盤ハーモニカ　keyboard harmonica、帽子 cap、パンチ hole puncher、タンバリン tambourine、眼鏡 glasses、本 book、ものさし ruler、机 desk、サッカーボール soccer ball、箱 box、テープカッター tape cutter、霧吹き spray、ハンマー hammer、椅子 chair、リコーダー recorder

●参考文献・先行実践
ウォルター・ウィック訳 糸井重里『チャレンジ ミッケ！1 おもちゃばこ』（小学館、2005年）

Where is the item?

◆絵を見て考えましょう。

(Ex) The soccer ball is under the desk.

The ⬚ is ⬚ the ⬚.

◆使ってみましょう。

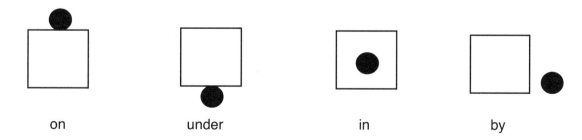

on　　　　　　　under　　　　　　　in　　　　　　　by

◆質問しましょう。

（質問）Where is the ⬚ ?

（答え方）It is ⬚ the ⬚.

34 クラスメイトを紹介しよう

英語の簡単な表現を使って他己紹介をする活動です。だれのことを紹介しているのか考えるクイズを取り入れることで、楽しく学習することができます。活動を通して英語の表現に慣れることや語彙を増やすことをねらいとします。

準備するもの 教師：ワークシート

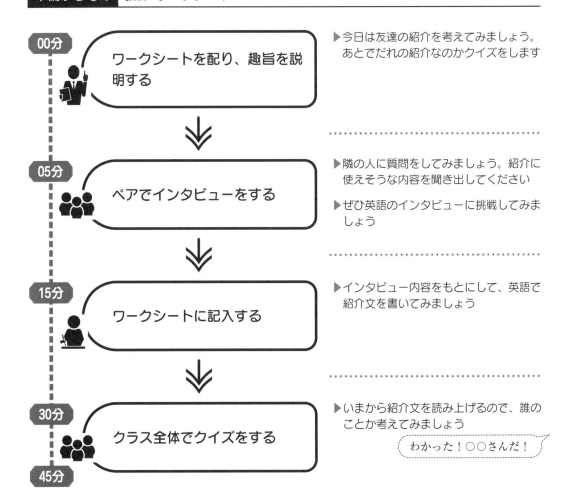

00分 ワークシートを配り、趣旨を説明する
▶今日は友達の紹介を考えてみましょう。あとでだれの紹介なのかクイズをします

05分 ペアでインタビューをする
▶隣の人に質問をしてみましょう。紹介に使えそうな内容を聞き出してください
▶ぜひ英語のインタビューに挑戦してみましょう

15分 ワークシートに記入する
▶インタビュー内容をもとにして、英語で紹介文を書いてみましょう

30分 クラス全体でクイズをする
▶いまから紹介文を読み上げるので、誰のことか考えてみましょう
わかった！○○さんだ！

45分

ポイント

・指導者はスマートフォンや辞書などを用意し、英単語を調べられるようにしておくとよいでしょう。
・自由にペアを組ませ、最後に自分の作った紹介文を発表してクイズにする、という活動にすると、より主体的な学習となります。

クラスメイトを紹介しよう

組（　　　）　番号（　　　）　名前（　　　　　　　　　　）

紹介文を考える友達 → （　　　　　　　　　　　　　　　）さん

◆インタビュー①【好きなもの・こと】
＜日本語＞

| 彼　／　彼女　は | が好きです。 |

＜英語＞（He / She likes…）

⬇

| |

◆インタビュー②【性格など友達を表す内容】
＜日本語＞

| 彼　／　彼女　は | です。 |

＜英語＞（He / She is…）

⬇

| |

◆インタビュー③【できること】
＜日本語＞

| 彼　／　彼女　は | ができます。 |

＜英語＞（He / She can…）

⬇

| |

35 単語でビンゴ

ジャンルに沿った英単語を集め、その後集めた英単語を使ってビンゴを行う活動です。調べる力を伸ばすとともに、楽しみながら語彙を増やすことができます。

準備するもの 教師：ワークシート、和英辞典など単語を調べられるもの

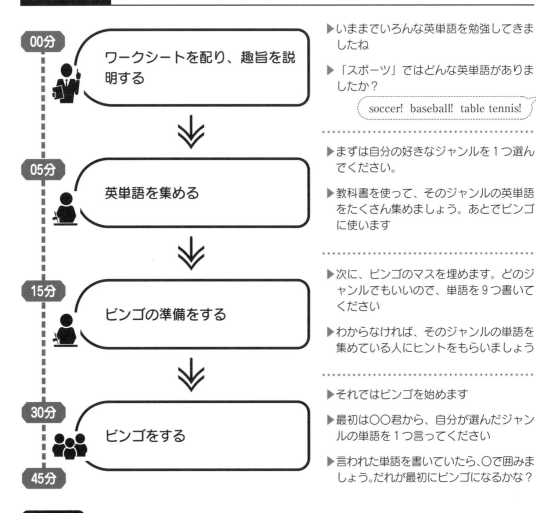

00分 ワークシートを配り、趣旨を説明する

▶いままでいろんな英単語を勉強してきましたね

▶「スポーツ」ではどんな英単語がありましたか？

soccer! baseball! table tennis!

05分 英単語を集める

▶まずは自分の好きなジャンルを1つ選んでください。

▶教科書を使って、そのジャンルの英単語をたくさん集めましょう。あとでビンゴに使います

15分 ビンゴの準備をする

▶次に、ビンゴのマスを埋めます。どのジャンルでもいいので、単語を9つ書いてください

▶わからなければ、そのジャンルの単語を集めている人にヒントをもらいましょう

30分 ビンゴをする

▶それではビンゴを始めます

▶最初は〇〇君から、自分が選んだジャンルの単語を1つ言ってください

▶言われた単語を書いていたら、〇で囲みましょう。だれが最初にビンゴになるかな？

45分

ポイント

・指導者はスマートフォンや辞書などを用意し、英単語を調べられるようにしておくとよいでしょう。

・自分で9つの単語を埋めるのが難しい場合は、それぞれのジャンルで代表の児童に集めた単語を発表させるなどすると、ヒントになり、安心してその後の活動に取り組むことができます。

単語でビンゴ

組（　　　）　番号（　　　）名前（　　　　　　　　　　）

＜集める英単語のジャンル＞
sports／food／subject／fruits／colors／animals

◆自分が取り組むジャンル【　　　　　　　　　　　　　　】

◆ビンゴシート

36 めざせ20Yes！

Yes／No で答えられる英語の質問表現を使って、友達にインタビューをする活動です。20人から Yes をもらうことを目指すことで、積極的な活動を促します。表現に慣れ親しむと共に、コミュニケーション能力を高めることをねらいとします。

準備するもの 教師：ワークシート

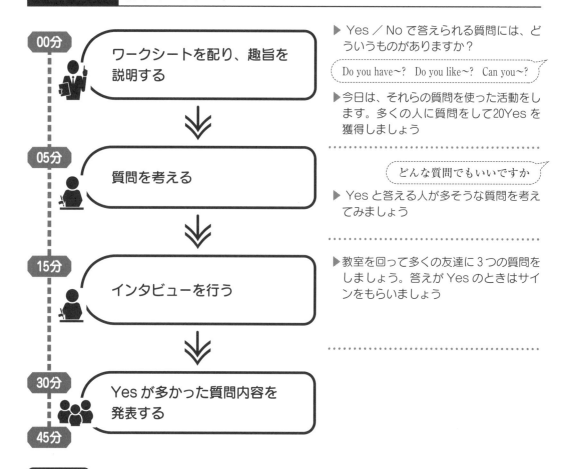

00分 ワークシートを配り、趣旨を説明する

▶ Yes／No で答えられる質問には、どういうものがありますか？

《 Do you have〜?　Do you like〜?　Can you〜? 》

▶今日は、それらの質問を使った活動をします。多くの人に質問をして20Yes を獲得しましょう

05分 質問を考える

《 どんな質問でもいいですか 》

▶ Yes と答える人が多そうな質問を考えてみましょう

15分 インタビューを行う

▶教室を回って多くの友達に３つの質問をしましょう。答えが Yes のときはサインをもらいましょう

30分 Yes が多かった質問内容を発表する

45分

ポイント

・質問内容を発表する際に20・21・22……とランキングのように発表していくと盛り上がります。

・クラスの人数や生徒の活動状況に合わせて、目標となる Yes の数を調整してください。

・Yes の多さではなく、オンリーワンを探す質問（なるべく少ない人数が Yes と答えるような質問を考える、０人ではダメ）を考えさせるのも楽しい活動です。

めざせ 20 Ｙｅｓ！

組（　　　）　番号（　　　）　名前（　　　　　　　）

◆質問①

サイン

Ｙｅｓ！	Ｙｅｓ！	Ｙｅｓ！	Ｙｅｓ！	Ｙｅｓ！	Ｙｅｓ！	Ｙｅｓ！
Ｙｅｓ！	Ｙｅｓ！	Ｙｅｓ！	Ｙｅｓ！	Ｙｅｓ！	Ｙｅｓ！	Ｙｅｓ！
Ｙｅｓ！	Ｙｅｓ！	Ｙｅｓ！	Ｙｅｓ！	Ｙｅｓ！	Ｙｅｓ！	Ｙｅｓ！

◆質問②

サイン

Ｙｅｓ！	Ｙｅｓ！	Ｙｅｓ！	Ｙｅｓ！	Ｙｅｓ！	Ｙｅｓ！	Ｙｅｓ！
Ｙｅｓ！	Ｙｅｓ！	Ｙｅｓ！	Ｙｅｓ！	Ｙｅｓ！	Ｙｅｓ！	Ｙｅｓ！
Ｙｅｓ！	Ｙｅｓ！	Ｙｅｓ！	Ｙｅｓ！	Ｙｅｓ！	Ｙｅｓ！	Ｙｅｓ！

◆質問③

サイン

Ｙｅｓ！	Ｙｅｓ！	Ｙｅｓ！	Ｙｅｓ！	Ｙｅｓ！	Ｙｅｓ！	Ｙｅｓ！
Ｙｅｓ！	Ｙｅｓ！	Ｙｅｓ！	Ｙｅｓ！	Ｙｅｓ！	Ｙｅｓ！	Ｙｅｓ！
Ｙｅｓ！	Ｙｅｓ！	Ｙｅｓ！	Ｙｅｓ！	Ｙｅｓ！	Ｙｅｓ！	Ｙｅｓ！

37 A to Z 全部使えるかな

英単語を書き出していき、使ったアルファベットを消していく活動です。ゲーム感覚でこれまでに習った単語の復習をすることができます。また、グループで協力して取り組むことで、語彙力アップにもつながります。

準備するもの 教師：ワークシート、教科書、英和辞典（あれば）

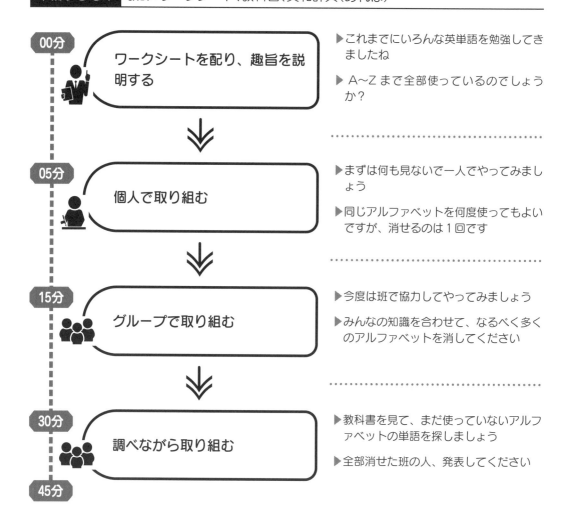

00分

ワークシートを配り、趣旨を説明する

▶これまでにいろんな英単語を勉強してきましたね

▶ A～Z まで全部使っているのでしょうか？

05分

個人で取り組む

▶まずは何も見ないで一人でやってみましょう

▶同じアルファベットを何度使ってもよいですが、消せるのは 1 回です

15分

グループで取り組む

▶今度は班で協力してやってみましょう

▶みんなの知識を合わせて、なるべく多くのアルファベットを消してください

30分

調べながら取り組む

▶教科書を見て、まだ使っていないアルファベットの単語を探しましょう

▶全部消せた班の人、発表してください

45分

ポイント

・他の班と交流する時間を取ることで語彙を増やすことができます。
・わからなかった単語の意味を書き込んでいくよう促すと、さらに学習効果が高まります。

A to Z 全部使えるかな

組（　　　） 番号（　　　） 名前（　　　　　　　　　　）

◆単語を書いて、使ったアルファベットを消していきます。
　　なるべくたくさんのアルファベットを消せるように単語を探してください。

a	b	c	d	e	f	g
h	i	j	k	l	m	n
o	p	q	r	s	t	u
v	w	x	y	z		

◆探した単語

38 60 bomb game

　What time is it? を使って時刻を尋ねたりする際、難しいのが 1 から60の数字をすらすら言うことです。グループで60 bomb game をすることで、楽しみながら英語で数字をたくさん話すことをねらいとします。

準備するもの 教師:ワークシート　児童:はさみなど

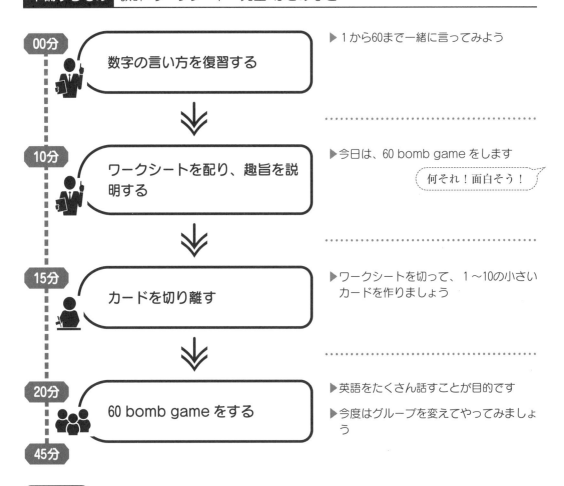

00分 数字の言い方を復習する

▶ 1 から60まで一緒に言ってみよう

10分 ワークシートを配り、趣旨を説明する

▶今日は、60 bomb game をします

《 何それ!面白そう! 》

15分 カードを切り離す

▶ワークシートを切って、 1 〜10の小さいカードを作りましょう

20分 60 bomb game をする

▶英語をたくさん話すことが目的です

▶今度はグループを変えてやってみましょう

45分

ポイント

・数字のフラッシュカードがある場合は、導入として使います。またトランプがグループ分用意できる場合は、カードを作る手間が省けてすぐに活動に入れます。

・いきなり60が難しい場合は、20から始めたり、40にしたり、少しずつ難易度を上げていくと、スムーズに活動できます。

・英語を話すことが難しい児童がいる場合は、グループで助け合うよう促します。

60 bomb game

組（　　　　）　番号（　　　　）名前（　　　　　　　　　　　　　）

＜ルール＞

①グループで行う。

②トランプを引く順番を決める。

③引いたトランプのカードを足していく。60 を超えた人がアウト。

　※数字が言えないときは助け合おう！

＜例＞

　　A：カードを引く。5 が出た。It's 5.

　　B：カードを引く。9 が出た。5 と 9 を足した数を言う。It's 14.

　　C：カードを引く。6 が出た。14 と 6 を足した数を英語で言う。It's 20.（続ける）

　　D：It's 60.

　　A、B、C：Bomb！

＜**score table**＞（勝ち〇　負け△）

name	1	2	3	4	5	6	total

＜カード＞（切り離して使おう）

1	2	3	4	5
6	7	8	9	10

39 Not high and low

　カードに好きな数字を書き、自分で書いた数が得点になるが、一番大きな数字と一番小さな数字を出した場合は0点、というゲームです。これを英語で行います。ゲームを繰り返すなかで、英語で数字がスラスラ言えるようになっていくことをねらいとしています。

準備するもの 教師：ワークシート、白紙、ホワイトボード（班の数ぶん）

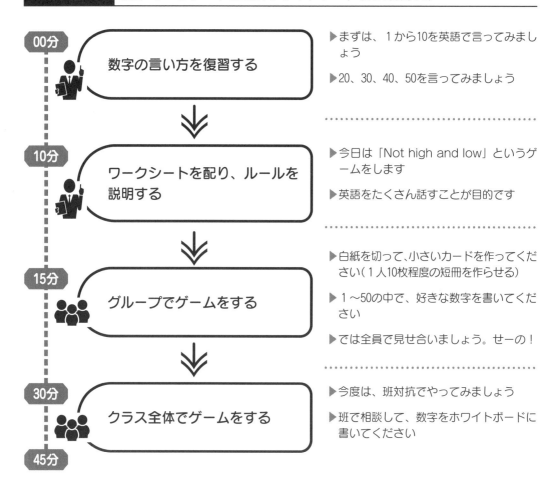

00分	数字の言い方を復習する	▶まずは、1から10を英語で言ってみましょう ▶20、30、40、50を言ってみましょう
10分	ワークシートを配り、ルールを説明する	▶今日は「Not high and low」というゲームをします ▶英語をたくさん話すことが目的です
15分	グループでゲームをする	▶白紙を切って、小さいカードを作ってください（1人10枚程度の短冊を作らせる） ▶1～50の中で、好きな数字を書いてください ▶では全員で見せ合いましょう。せーの！
30分	クラス全体でゲームをする	▶今度は、班対抗でやってみましょう ▶班で相談して、数字をホワイトボードに書いてください
45分		

ポイント

・ゲームで勝つことを目的とするのではなく、英語で数字をたくさん話すことを目的とします。
・ホワイトボードがなければ、紙でも代用できます。
・慣れてきた場合は、上限を100にするなどすると、より難しいゲームになります。
・相手が何を書くのか心理を読む、相手を理解するゲームだということを知らせます。

Not high and low

<Rule>

①白紙の紙に好きな数字を書く。（1から50まで）

②一斉に、英語で数字を言いながら、書いた数字を出す。

③グループで一番高い（high）数字、一番低い数字（low）を書いた人は得点できない。

　　また、数字が重なった場合も得点にならない。

④得点は、書いた数字がそのまま得点となる。

<score table>（得点を書こう）

name	1	2	3	4	5	total

40 What do you see?

　色や動物の英語での言い方を使って、「だれが何を見ている」を英語で言います。テンポの良いセンテンスを使い、リズムよく動物の名前をつなげて、楽しみながら「What do you see?」と「I see……」の言い方を練習します。

準備するもの	教師：ワークシート　児童：色鉛筆

00分

色、動物の英語での言い方を復習する

▶ red、blue、green、……dog、cat、bear、……
▶ 色と動物を組み合わせて言ってみましょう
▶ white dog、blue cat、……

05分

趣旨を説明する

▶ ワークシートに描いてある白い犬は、何かを見ています
▶ White dog, white dog, what do you see?
▶ I see a black fish looking at me.
▶ このように見ている動物をつなげていきます

10分

制作を開始する

▶ ワークシートに動物を描き、1色で塗りましょう
▶ できた動物が見ているのは、隣の人の動物です。なんと言えばいいか考えましょう

30分

発表をする

▶ グループごとに発表します
（全員）○○、○○、What do you see?
（発表者）I see a ○○ looking at me.
（次の人の動物）
※以下同様に続ける

45分

ポイント

・参考文献の絵本を導入で読み聞かせすると、見通しをもたせやすいです。
・発表の手順…①最初の発表者を決める②発表者は右隣の人の絵を見て話す③自分の動物を言われた人が発表者になる。
・時間があれば班を変えたり、クラス全員でやるなどしても楽しい活動になります。

●参考文献・先行実践
Jr. MARTIN BILL　ERIC CARLE 絵『BROWN BEAR, BROWN BEAR, WHAT DO YOU SEE?』（HENRY HOLT、1995年）

What do you see?

組（　　　）　番号（　　　）名前（　　　　　　　　）

<u>White dog</u>, <u>white dog</u>. What do you see?	<u>Black fish</u>, <u>black fish</u>. What do you see?
I see a <u>black fish</u> looking at me.	I see a … looking at me.

◆色と動物を決めて、絵をかきましょう。

色の名前	
動物の名前	

● 「小学校ラクイチ授業プラン　高学年」執筆者（◎は執筆代表、勤務先は執筆時）

◎田中　直毅　滋賀県　高島市立高島小学校

三浦　大栄　岩手県　八幡平市立平舘小学校

永井　健太　大阪府　大阪市立磯路小学校

草野　健　東京都　お茶の水女子大学附属小学校

栖田　智文　兵庫県　西宮市立上甲子園小学校

山本　将司　東京都　新宿区立落合第四小学校

実践提供：長嶺知慶先生（from フォレスタネット）

監　　修：関　康平　開智日本橋学園中学・高等学校
　　　　　　　　　　（ラクイチ授業研究会代表）

●本書に掲載のワークシートは、すべてダウンロードしてお使いいただけます。
　Word データですので、アレンジが可能です。
　「小学校ラクイチ授業プラン高学年」ダウンロード URL
　http://www.gakuji.co.jp/rakuichi_shougakko_kougakunen

●フォレスタネット内「ラクイチ授業プラン」特設ページ
　オリジナルの授業プランを閲覧＆投稿できます。詳細は64ページをご覧ください。
　http://foresta.education/

●ラクイチシリーズ公式フェイスブックページ
　http://www.facebook.com/rakuichi

ラクに楽しく１時間　小学校ラクイチ授業プラン　高学年

2020年 3 月13日　初版第 1 刷発行

編　著——ラクイチ授業研究会
発行者——安部英行
発行所——学事出版株式会社
　　　　　〒101-0021　東京都千代田区外神田2-2-3
　　　　　電話　03-3255-5471　　http://www.gakuji.co.jp

編集担当　戸田幸子　　　編集協力　工藤陽子／島貫良多（フォレスタネット運営）
イラスト　イクタケマコト　装　　丁　精文堂印刷制作室／内炭篤詞
印刷製本　精文堂印刷株式会社